日日是好日

客家諺語有意思

編著 ｜ 涂春景

目錄

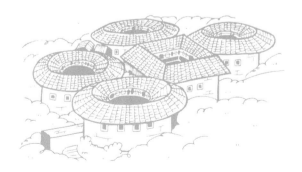

序

　　民國三十七年，我出生在貧瘠之鄉的小邦，父親承繼祖父為人傭耕，我是生長在一個標準的佃農家庭。

　　我時常看見父親，在禾埕上走來踱去，時而仰望星空，時而平視對山，說：「明天要下雨了，星兒照爛泥，好天不過雞啼。」這時，傍晚一陣大雨之後，突然放晴，滿天星斗，這是爸爸說的一句農諺。果真第二天清早就下起雨來了。我年小，總認為父親是博學的星象專家。從父親那邊聽來的農諺，還有很多。譬如：「春甲子雨，赤地千里；夏甲子雨，搖船入市；秋甲子雨，禾生兩耳；冬甲子雨，牛羊凍死。」、「早雨晝晴，晝雨落毋成；當晝雨兩頭晴，臨暗雨走較贏。」、「東弓晴，西弓雨」……雖然這些話有些不準，但多數是靈驗的。我不得不嘆服父親種田經驗的老到。

　　母親的農諺，也不亞於父親。有一年夏天傍晚，天色暗了，父親到竹林裡查明家中飲用水不來的原因，是否水管斷裂，結果光線昏暗中，被毒蛇青竹絲咬了。聽說蛇毒會傳染給家人，所以父親要隔離起來，才曉得一家沒有多餘的床鋪，只好在客廳的一角用木板搭就臨時的床鋪，父親坐臥其間，不是三兩天蛇傷就好。起初，他悶得發慌，母親就拿我們兄妹的上衣要他繡學號，於是父親便一針一線慢慢的繡起學號來。後來，有鄰友來探視，母親便說：「腳痛會繡花，手痛會過家」的諺語。又如，農作期間每有會意，

不經意的說出諺語來。如灑種子種莧菜期間，她又說：「正月委莧，二月生，三月委莧黏腳蹏。」這句話是說植栽農作各有各的時期。又如「甘願核該千斤重，毋願核該掞掞動。」當她一頭挑著孩子，一頭挑著農產時，感慨客家婦女的艱辛。

　　我一生中從父母那邊學得的諺語無數，其中不乏人生哲理，需要慢慢品嚐，才能領會其中奧義。如果有人問起你的父母與別人家父母有何不同，這就是其中之一吧！

　　今天本書所寫的諺語大多是父母的傳承，我不敢獨享，選擇其中一些，讓各位看官在人生中有所助益。

涂春景

謹誌 110 年 10 月

一、本書採記的語音符號說明：

A、聲符與韻尾			
b	《ba^1》巴、接《ziab^4》接。	l	《loi^5》來。
p	《pan^1》伴。	g	《giu^2》久《ngiag^8》逆。
m	《mi^2》米、《ziim^1》針。	k	《kau^3》靠。
f	《fu^3》富。	ng	《ngi^3》義、《dong^1》當。
v	《vi^5》為。	h	《ho^5》河。
d	《dung^1》東、《tad^8》達。	z	《zu^3》畫。
t	《ton^5》團。	c	《cin^5》情。
n	《no^3》糯、《ngien^5》年。	s	《sun^1》孫。
B、成音節鼻音			
m	毋《m^5》。	ng	魚《ng^5》。
n	你《n^5》。		
C、元音			
a	《ma^1》馬。	o	《co^3》造。
e	《he^3》是。	u	《su^1》書。

i	《bi²》比。	ii	《sii³》事。
D、聲調			
1	陰平、調值—四縣 24		如:《fa²⁴》花。
2	上聲、調值—四縣 31		如:《ho³¹》好。
3	去聲、調值—四縣 55		如:《oi⁵⁵》愛。
4	陰入、調值—四縣 2		如:《vug²》屋。
5	陽平、調值—四縣 11		如:《coi¹¹》財。
8	陽入、調值—四縣 5		如:《cug⁵》族。

二、本書一律用本調。如「甘蔗」的「甘」,詞調是「5」,我們注本調「1」。

三、本書用字盡量用本字。找不到本字用准本字,如:「尾軃軃」(尾巴下垂)的「軃」,查《廣韻》「垂下貌,丁可切。」義、韻合,然聲、調不類,我們用它,叫准本字;或用俗字,如:媳婦寫作「心舅」,取其音。至於一些尚待考察的字,或電腦上查不到的生僻字,我們用□表示,並在□後加以註音,如阿□(音:腦)、「□涎泡□ (bad⁸)」。

春

1 一年莧菜盛產季

1. 正 月 委 莧 二 月 生 ，
zang^{24} ngied^5 ve^{55} han^{55} ngi^{55} ngied^5 sang^{24}

三 月 委 莧 黏 腳 踭 。
sam^{24} ngied^2 ve^{55} han^{55} ngim^{11} giog^2 zang^{24}

一個周休二日的周末，我們一家到郊區夜宿，到土雞城吃野菜。

席中有一道，鮮嫩的莧菜加上吻仔魚炒燴的家常菜，兩三下便被大夥吃得精光，立即再叫一盤，也很快的搶食一空。

離開了土雞城，么兒問那是什麼野菜？那麼好吃。

現在正是莧菜盛產的季節，幾乎每一畝菜園都可以見到莧菜。我感慨今日生長在都市的孩子，已到了四體不勤、五穀不分的地步。

果然，第二天，我們信步山野，在家農舍旁的菜圃裡，正好有一畦鮮嫩欲滴的莧菜。莧菜是一種生長迅速、營養豐富的蔬菜，它喜歡溫暖潮濕的環境。我們家鄉有一句有關莧菜的諺語說：「正月委莧二月生，三月委莧黏腳踭。」

客家語播撒莧菜種叫做委莧，腳跟說腳睜，黏腳睜是說莧菜緊跟著灑種離去時的腳跟生長的意思。整句話說：農曆正月，春寒料峭，還不適合莧菜生長，如果勉強灑種，也得經過一個月左右的時光，才能長出苗來；等到三月以後就不同了，天氣和暖起來，剛一灑種，莧菜苗隨即茁長。

莧菜是一年生的草本，成熟時，莖可大及成人的大腳拇趾般粗，一、二公尺高。食用的莧菜，是吃其鮮嫩的莖葉；老化的莖葉，就當成飼料餵豬。

家鄉有許多關於「莧菜鬼」的傳說，聽說從前許多失明的算命先生有「養靈的」法術。把一個好命孩童的生辰八字，抄錄在一張小紅紙條上，摺揉成一小紙團，拿到菜園中，用刀劃開生長著的莧菜莖，將小紙團塞入其中。等十天半月之後，這劃破的莧菜莖自然癒合了，便切取這一段，刻成人頭形，乾燥後用紅布包裹起來供養，就是所謂的「莧菜鬼」。

養「莧菜鬼」，夜晚要拿到戶外「打露水」(沾露水)。聽說有一次，一位早起的婦女，在禾埕上紮「草結」(從前農家用來生火的易燃的薪料)，事先不知道有「莧菜鬼」在薪料上，當她用稻草捆紮時，「莧菜鬼」喊著：「輕一點！別捆太緊！」真不可思議。

傳說「莧菜鬼」很靈，可以暗示算命先生一個人的過去，以斷其未來、吉凶。有一次，一個算命先生來到一個四代同堂的大家庭算命。「莧菜鬼」給算命先生靈感，點出這個家庭鮮為人知的醜事：滿叔私通大嫂、三哥和五嫂有染……這時被牆外的五嫂聽到了，察覺是「莧菜鬼」作的怪，氣憤之餘，便偷偷的趁其不備，把「莧菜鬼」偷來，放到正在燒豬菜的鍋裡，當成豬菜煮爛餵豬。從此，這位算命先生，少了「莧菜鬼」助威，便語無倫次了。

我覺得莧菜的確好吃，「莧菜鬼」的傳說很八卦，你以為呢？

過年愛早，做麼介正藤得人到

1. 過　年　愛　早　，　做　麼　介　正　藤　得　人　到　。
go^{55} ngien^{11} oi^{55} zo^{31}　　zo^{55} mag^{2} ge^{55} zang^{55} ten^{11} ded^{2} ngin^{11} do^{31}

2. 改　芋　兒　愛　老　，　改　蕃　薯　愛　早　。
goi^{31} vu^{55} e^{31} oi^{55} lo^{31}　　goi^{31} fan^{24} su^{11} oi^{55} zo^{31}

　　又到過年了，每到過年，我就會想起除夕時母親常說的一句話：「過年愛(要)早，做麼介(什麼)正藤得人到(才跟得上人家)。」其真正的意思：除夕年夜飯要吃得早，新的一年才能不失農時。

　　說到農時，相關的客家農諺一大堆。「正月毋種瓜，四月難當家。」是說農曆元月一定要種瓠藤菜瓜，到了四月全家才有菜吃，否則就難當家了。「清明前，可蒔田；清明後，可種豆。」說清明以前插秧，就不失農時；過了清明，便是種豆類的季節。又說「清明芋兒，穀雨薑。」「七蔥、八蒜、九口(音 kieu^{24})頭。」清明前後要種芋兒，穀雨前後就得種薑；七月種蔥、八月種蒜，九月一到便種韭類蔬菜。

　　過去，農耕尚未科學化，如不照著時令，田裡的禾苗、園裡的蔬菜、瓜果，將沒有好收成。因此，大家都有「一年之計在

於春」的共識，希望從農曆除夕年夜飯起，有一個早的開始、好的開始。客家人以農曆十二月二十五為「入年界」(音：價)，提醒自己過年將屆。其時，入年界之前，家裡的男主人，就開始忙裡忙外不可開交了。」要「修籬整壁」(整修房舍)；要為新一年第一季預做準備，灑種育苗；牛欄理的牛糞要清理，要為牛隻預存十天半月的草料；要大掃除……。

農夫忙得難以喘氣，農婦也沒能閒著。過年前，要準備年假期間的柴火、豬食，要準備過年時期的米糧、過年應用的雜貨。要清洗廚房的盆盆缽缽……等一切用具。蒸年糕、發粄……等糕餅，除供敬神祭祖外，好在年假期間以饗賓客。殺雞、殺鴨、買肉，準備祭拜天地、神明、祖宗的牲禮……這般忙進忙出，往往忙到除夕午後，還要挑糞肥、清理尿桶(從前置放在房間角落，用以接盛小便的木桶)，到菜園裡澆菜。此外，一家大小沐浴後所換下的衣物，等著清洗，年初一、二是不可以洗衣服的；炊煮過年期間

食用的一大飯甄飯，年初一、二是不可以煮飯的；還要料理一頓豐盛的團圓飯(年夜飯)，這麼繁複、瑣細的活兒，若不伶俐些，「過年愛早」，談何容易？

「過年愛早，做麼介正藤得人到。」這句從前年三十(除夕)掛在客家婦女嘴邊的俗話，依我的體會，是她充滿對自己的期許和對未來的憧憬哪！

3 三斤狗變三叔公

春節快到了，不經意的使我想起了童年。

記得小時候，有一年過年前，一天下午，住在隔壁姑婆來，講了一個「三斤狗變三叔公」的故事。

以前，一個楊家庄著有一戶人家，戶長因為在家排行老三，所以就叫楊三郎。楊三郎家庭雖不富裕，但也娶妻生子，平靜過日。天有不測風雲，孩子十八歲那年，母親得了怪病，不久死了。

家道中落的三郎，突然失去一根支柱；有一天，三郎的兒子在母親治喪期間又突然失蹤了；三郎短時間受到這雙重的打擊。為

愛妻埋葬之後，孑然一身，真不知如何是好？但天命難違，日子總得過下去，因為家無恆產，先是為人傭耕，後因手腳不夠俐落，被解雇了。這樣「三做四毋著」(怎麼做都不對)，折騰了一整年，終於淪為乞丐。

前面幾年，還有宗親願意接納他，三郎乞討的生活還算順利。三年過去，漸漸的街坊鄰居不耐煩起來。三郎有一頓沒一頓的，因為營養不良而骨瘦如柴，不知什麼時候起？誰給他安個「三斤狗」的外號？遠遠看見三郎又來乞討了，不管輩分大小，大人、小孩都沒禮貌的大聲嚷嚷：「三斤狗來了！」

轉眼之間，過了十年，又到了歲末天寒時候。除夕那天，三郎喜孜孜的，打老遠的村庄要了兩大碗公的粥，裝在竹筒裡回破舊的家，這回省著點吃，可以吃到年初二，心想：「這幾天不用走遠路去乞討了。唉！這不是常聽人說的：『年關年關！有錢人過年，窮苦人過關！』嗎？我又過了一關。」除夕夜，人家歡天喜地的團圓，三郎扒了半碗粥，關了破舊的房門，倒頭便睡了。

但今夜除夕夜，除了三郎，每個人的夜都是美麗的！外頭鑼鼓喧天，鞭炮聲此起彼落，三郎不好入眠。就在輾轉反側、半睡半醒之際，傳來越來越急的敲門聲……，三郎爬起身來披了件上衣，揉著惺忪的睡眼，踩踩踏踏的來到門邊，應門道：「這麼晚了，是誰呀！」開了門，只聽見：「阿爸！是我啦！」三郎嚇了一跳，又驚又喜，不知是真是幻！只知跟兒子拉著手進了門，四五個大漢跟著進來，挑幾籮筐什麼的。坐定之後，昏暗中面前正是記憶中兒子的模樣，兒子說：「自我母親死後，這些年我到南洋發展，賺了些銀子。特地趕在過年前收拾好一切，想回家過年！不料天遠路遙，才趕得這麼晚！」

父子倆各談了這近十年來談不完的辛酸，最後商定明天一早——大年初一，挑兩籮筐銀子到公廳祭祖。每年年初一，楊姓家族照例是要在公廳祭祖的，一早，楊姓家族

大大小小帶來牲儀、齋蔬果餅……等祭品。唯獨沒人挑銀子來過，因此，對楊三郎父子的舉措，無不驚訝萬分。於是，三郎之子遠渡南洋賺錢回鄉的消息，不脛而走。祭祖儀式完畢，主祭的長老特別請三郎發表新年感言。三郎先簡單說明十年來，兒子在南洋開採錫礦有成的事，再說為了答謝宗親，這近十年來對自己的愛護，所有參加祭祖的宗親，離開公廳的時候，各從籮筐中帶兩個銀元寶回家發財。語畢，只見大家竊竊私語，突然有一位大嬸告訴孫子說：「還不快謝過三叔公！」

上面就是「三斤狗變三叔公」的故事。後來，大家都用「三斤狗變三叔公」這句話來諷刺人家勢利。

故事裏楊三郎行乞時，自認過年就是過關。筆者出生在民國三、四十年代，戰爭方歇，民生凋蔽，民眾需要休養生息；那時候，物質極度貧乏，對「年關年關！有錢人過年，窮苦人過關！」體會特別深刻。那個年代，窮苦人家每逢過年，第一、要借新債還舊債；第二、要花很多錢辦年貨、做糕餅。窮人家能省則省、不能省也得省。有則諺語說「前世無修，嫁分賴天送；過年無打粄，過節無摝粽。」很傳神的說出窮苦人家是不裹粽子過節、不做年糕過年的！

4　春上春下春無錢，閃東閃西閃過年

1. 春　上　春　下　春　無　錢　，
　 $zung^{24}$ $song^{24}$ $zung^{24}$ ha^{24} $zung^{24}$ mo^{11} $cien^{11}$

　 閃　東　閃　西　閃　過　年　。
　 sam^{31} $dung^{24}$ sam^{31} si^{24} sam^{31} go^{55} $ngien^{11}$

　　農曆新年到了，從前客家庄，每到過年期間會流傳這樣一句話：「春上春下春無錢，閃東閃西閃過年。」

　　客家話春本來有撞的意思，春上春下在這裡是極言沒有目標、到處借錢；閃東閃西是東躲西藏。整句話是說：「到處借錢到處碰壁，過年只好東躲西藏，四處躲債了」。聽起來有點心酸！

　　從前，貧苦人家過年，除了要購置許多年貨以外，還有一筆可觀的開銷，就是為經年累月所積累的債務，償還利息。四、五十年前，台灣的金融服務業，還很不發達，如果碰到急難，只有向地方上的有錢人家伸手求援，所以民間借貸盛行。利率也沒個準，大凡按月利計息，有一分半、兩分、兩分半不等。如果預知何時用錢，有寬裕的時間，向宅心仁厚的富人借貸，算一分半的月利，那真該謝天謝地、額首稱慶一番；萬一臨時

有個急用，向狠心的錢頭家調借，要算你兩分半月利，你也不得不飲酖止渴！這只有身在那工資十幾二十塊錢的年代，你才會深刻的體會到「無債一身輕」的輕鬆自在。

聽說從前有個窮人，過年前邂逅債主。債主問：「什麼時候到府上結算利息呀？」窮人要求債主再寬限幾天，心想在這寬限期內，一定可以籌到錢還債。不料，約期轉眼到了，錢卻還沒著落，窮人自然愁眉不展、坐立難安起來。此刻，年僅十歲的兒子知道了這事，告訴父親說：「沒關係！到時債主來了，爸爸躲在房間裡，我來應付。」窮人實在也別無他法，只好依兒子的。債主一上門，問孩子：「你的爸爸呢？」孩子不慌不忙說：「我父親出門好幾天了，他說要到海底去撈針，撈得的針再拿去鑄斧頭，有了斧頭，便到山上去伐木燒火炭，賣木炭可還……」，不等孩子說完債主頻頻「搖頭」，孩子立刻說：「不是頭窯哦！頭窯先要支付我們自家的日常開銷，第二窯的收入才還您的利息。」，債主聽到這裡，只好直呼：

「難！難！」的走了。

今天，台灣民眾富裕得渾然不知窮人過年的況味。只是在新年時節或會親友、或圍爐夜話時，把「拈針打斧頭」(客話撈針鑄斧的意思)當作談助吧。

5　輸燥燥，食發包

1. 輸　燥　燥　，　食　發　包　。
su^{24}　zau^{24}　zau^{24}　　$siid^2$　fad^2　bau^{24}

　　去年農曆過年回鄉小住，和親友閒聊過年打牌時的情景，有人突然說了一句，二、三十年前，過年時流行鄉里的老話：「輸燥燥，食發包（吃客家的一種甜點）。」

　　意思說：錢輸光光，沒錢玩牌了，只好坐在一旁吃發包、看人家玩。

　　客家婦女每逢過年（春節），都要炊製「發」包、「發」糕等一類甜點。取其發財之意也討吉利。製作發包、發糕，要先將蓬萊米吃（浸）水，磨成米漿，裝入粄袋。再壓榨去水成粄粹，放入磨欄（一種徑約三尺淺邊的圓形竹器），加糖、發粉（做發包可加一些芝麻）搓揉，使其具有韌性。搓揉後靜待其發酵，蒸熟即成。搓揉時還要適時、適度的加水，加的水多搓成的粄粹較軟，蒸時要用容器裝盛，蒸成的是發糕；加的水少，搓成的粹較硬，不用容器直接揉成一小團，一小團來蒸，蒸熟即成發包。

　　農業社會客家農村的過年，有「過家料」（串門子）的習俗，家裏來的客人越多越好，因為人多代表興旺。客人來了，女主人要煎年糕、煎蘿蔔糕、蒸發糕、蒸發包⋯⋯等點心饗客。

村夫村婦聚集一多，大多會玩玩小錢助興。從前，我們鄉里流行玩一種四色牌，就是「帥仕相、將士象、車馬炮、車馬包、兵、卒……」湊成黃、青、赤、白四色的小紙牌，四人一組就可以博弈起來，其規則類似麻將而稍嚴。

不會打四色牌的，就玩「跌三烏兒」。「跌三烏兒」先要找來一塊大約一尺見方、一面平滑的石塊。再拿三個孔方兒（外圓內方的古銅錢），保有鑄上「乾隆通寶」、「道光通寶」……字樣的一面，另一面則磨得晶亮。遊戲時人數多寡不拘，大家圍坐在石塊旁。輪到的博弈者，把三個古銅幣「××通寶」字朝上置於掌心，站起來把手上的銅錢一振、手一抽，使錢幣跌落石版上。如果石上或地上的三個銅錢，統統「××通寶」面朝上，叫做「三字（音：治）」，最劣，要賠所有參與者所押加倍的錢數；如果三個晶亮面朝上，叫做「三烏」，最優，所有參與者押的賭注通吃。

這時，主婦端來糕點，大家正聚精會神的在牌桌上，或石板上，哪有人有心思停下來吃點心。只有身上帶來的幾個小錢輸得精光的人，比較從容，一面吃點心，一面自我調侃說：「輸燥燥，食發包」。

6 春天面，時時變

1. 春 天 面 ， 時 時 變 ；
   cun^{24} tien^{24} mien^{55} sii^{11} sii^{11} bien^{55}

   上 晝 晴 來 下 晝 雨 。
   song^{55} zu^{55} ciang^{11} loi^{11} ha^{24} zu^{55} i^{31}

2. 交 春 落 雨 透 清 明 ，
   gau^{24} cun^{24} log^{5} i^{31} teu^{55} ciang^{24} miang^{11}

   一 日 落 雨 一 日 晴 。
   id^{2} ngid^{5} log^{5} i^{31} id^{2} ngid^{2} ciang^{11}

3. 春 甲 子 雨 ， 赤 地 千 里 。
   cun^{24} gab^{2} zii^{31} i^{31} ciid^{2} ti^{55} cien^{24} li^{24}

4. 三 月 北 風 燥 惹 惹 ，
   sam^{24} ngied^{5} beid^{5} fung^{24} zau^{24} nia^{55} nia^{55}

   四 月 北 風 水 打 杈 。
   si^{55} ngied^{5} beid^{5} fung^{24} sui^{31} da^{31} ca^{55}

立春都落在國曆的二月初四、初五,時當農曆春節期間,「立春」是時序進入春天的意思。「立春」農家稱為「交春」。

記得,小時候,有一年春節,一早起來,手腳冰冷,往茅草屋頂一看,屋頂滿是白霜。再看,平時盛水餵雞鴨的器皿,水面一鏡浮冰;再環顧家園四周,屋前屋後年前新種的蕃薯,本來已爬藤尺許,全受霜害成焦黑一片。這種春天下霜的異象,非常罕見,農家的新年鐵不好過。

俗話說:「霜雪兆豐年。」意思是:春耕之前,耕地土中的蟲蚤草蜢,經過酷寒都已然消滅,所以今年一定有個好收成。

結果,那年初春酷寒,終於帶來兩季的好收成。

客家有句俗話:「春天面,時時變。」應驗了那年氣候。那年天候異常,過年時節天寒地凍,年初五,客家人俗稱的出年界,那天天氣和煦,大家還沉浸在過年歡愉氣氛中,依稀記得:十時許,串門子的客人剛走,離做中飯時間還早,在曬穀場的一角,媽媽坐在矮凳子上,我蜷臥在媽懷裡,在和煦的陽光下,溫暖的春風裡,媽媽為我掏耳屎。這件五、六十年前的往事,是我生命中最最幸福的美事。一生愛子女無微不至的母親,離我們遠去五年餘,每思及此,都使我沉浸在美麗的回憶中。

「春天面,時時變」說的就是這種數天之內,天候由酷寒變為和暖;也說一地「晴時多雲偶陣雨」的天氣。關於春天季候的農諺很多如;「交春落雨透清明,一日落雨一日晴」、「未驚蟄先響雷,四十九日烏頹頹」、「春甲子雨,赤地千里」、「三月北風燥惹惹,四月北風水打杈」、「春季東風雨漣漣」……

時至 2015 年的今日,世界各地都設有氣象台;各國也都有氣象局的設置,負責蒐集國內各地氣象及天氣發展資料,並預報各地未來天氣。說「晴時多雲偶陣雨」多了,

也比「春天面，時時變」精準多了。難怪
老祖先的智慧——諺語，被現代人遺忘拋棄
了。

7 慎終追遠

1. 戇 鴨 母 ， 孵 雞 春 ；
   ngong^{55}ab^2　ma^{11}　　pu^{55}　gei^{24}　cun^{24}

   戇 姐 婆 惜 外 孫 ， 惜 來 指 墓 墩 。
   ngong^{55}zia^{31}　po^{11}　siag^2　ngoi^{55}　sun^{24}　　siag^2　loi^{31}　zii^{11}　mu^{55}　dun^{24}

2. 有 食 無 食 遛 到 年 初 十 ，
   iu^{24}　siid^2　mo^{11}　siid^5　liau^{55}　do^{55}　ngin^{11}　cu^{24}　siib^5

   有 做 無 做 遛 到 月 半 過 。
   iu^{24}　zo^{55}　mo^{11}　zo^{55}　liau^{55}　do^{55}　ngied^2　ban^{55}　go^{55}

3. 寧 賣 祖 宗 田 ， 莫 忘 祖 宗 言 ；
   nan^{11}　mai^{55}　zu^{31}　zung^{24}　tien^{11}　　mog^5　mong^{11}　zu^{31}　zung^{24}ngien^{11}

   寧 賣 祖 宗 坑 ， 莫 忘 祖 宗 聲 。
   nan^{11}　mai^{55}　zu^{31}　zung^{24}hang^{24}　　mog^5　mong^{11}　zu^{31}　zung^{24}　sang^{24}

中華民族是一個很講求慎終追遠的民族，作為其成員之一的客家人，當然不能例外。但奇特的是，境內各地都是清明這天掃墓，部份（苗栗地區）的客家人，卻自元宵節（俗稱「正月半」）第二天起到清明止，擇一日掃墓（俗稱「掛紙」）。有大部分苗栗客家人，都選擇正月十六，於是造成一般人對「台灣的客家人是正月十六掃墓」的刻板印象。

農曆正月十六掃墓，有句話說：「戀鴨母，孵雞春；戀姐婆，惜外孫，惜來指墓墩（意思是說：外孫是不上外祖墳的）。」這天到了墓地，用帶來的鋤頭、鐮刀，將「墓龜」（墳冢，又稱「墓墩」）上頭及周遭的長草割除、經年流進墳堂的淤泥清除，並將帶來的土黃色、長條形的「黃股紙」一疊、撿拾一塊石頭壓置於墓碑中間上方，灑一些銀紙在「墓龜」上，將祭品放在祖先墳前，點燃香燭祭拜，約 20 分鐘後，斟酒三巡，燃放鞭炮禮成。

關於「正月十六掃墓」的習俗，有一說：客家人在原鄉多住在閩、粵、贛山區，資源貧乏、生活塞困。來台後，又住苗栗山區，有許多青年子弟，謀職於東南亞等外地。一年到頭，頭家放長假，始一返焉，返家還得為家辛勞，做些農事。所謂「有食無食，遛到年初十；有做無做，遛到月半過。」到「正月半」、「天穿日」過完，順便掃墓完再回工作崗位。因而大家有「客家人是正月十六掃墓」的印象。

二零零零年前後，筆者回原鄉祭祖尋根，問之再三，祖籍地廣東蕉黃沙壩的客家人是農曆二月初一掃墓的，與我輩祖先來台之初，選擇農曆二月初二掃墓，僅差一日（不知原鄉提早還是來台後延後）。而苗栗客家人的原鄉多為廣東蕉嶺，可見祖先居住苗栗的客家人，以自元宵節（俗稱「正月半」）次日起到清明止，擇一日掃墓（俗稱「掛紙」）的傳承是可信的。

8 正月毋種瓜，三月四月難當家

1. 正 月 毋 種 瓜 ， 三 月 四 月 難 當 家 。
   zang^{24}ngied^5 m^{11} zung^{55} gua^{24}　　sam^{24}ngied^5 si^{55} ngied^5 nan^{11} dong^{24} ga^{24}

2. 春 來 一 蹻 頭 ， 冬 來 一 碗 頭 。
   cun^{24} loi^{11} id^2 giog^2 teu^{11}　　dung^{24} loi^{11} id^2 von^{31} teu^{11}

3. 正 月 雷 鳴 二 月 雪 ，
   zang^{24} ngied^5 lui^{11} miang^{11}ngi^{55} ngied^5 sied^2

   三 月 無 水 過 田 缺 。
   sam^{24} ngied^5 mo^{11} sui^{31} go^{55} tien^{11} kied^2

　　客家有句俗話：「正月毋種瓜，三月、四月難當家。」這句話是說：農曆正月，如果沒種瓜；到三、四月時，將沒菜可吃，苦了當家者。

　　以前農家吃的青菜，要求自給自足。正月種瓜，到了三四月份，就不怕蔬菜的青黃不接了。今天，大家吃的蔬菜，多來自中南部蔬菜生產中心；這些蔬菜多經品種改良，網室栽培，甚至基因改造。因而一年到頭，多可吃到想吃的蔬果。

時代的進步，解決人們蔬菜青黃不接時的煩惱。

憶昔孩提時，每到農曆三月，故鄉農家的菜園，可熱鬧起來。瓠藤菜瓜依次開花，有瓠棚上的白花、冬瓜棚上的黃花、苦瓜棚上的黃花；爬滿山坡的金黃色的南瓜花、又有那一大畦紫色的茄子花，還有豆籬上爬著的紫色豌豆花、黃色的黃瓜花……五彩繽紛，煞是好看。間有蜜蜂、果蠅……嗡嗡採蜜其間，蝴蝶、蜻蜓……翩翩翔舞其中，還有那不知名的小花甲蟲，在綠葉上囓食。足以讓你看得發呆。

在這菜園裡，不知你還看到了什麼？或聽到了什麼？告訴你：「我聽到了客家人的勤儉。」你聽：「新塑塘珊種苦瓜，苦瓜行藤打野花。野花恁靚無結子，阿妹恁靚無共家！」山歌唱出：「在那新塑的陂塘大壩旁，種上一排苦瓜；苦瓜長成開滿不結實的野黃花。野花雖美可惜不會結實，就像我心儀的姑娘，雖然貌美，可惜沒娶過門。」多富詩意的動人情歌啊！但歌裡隱隱道出了，客家人不忍浪費那築水塘的大壩，在隙地上種植苦瓜的精神，正是克勤克儉的客家精神的體現。

因而老時人也說：「春來一躍頭，冬來一碗頭。」春天即時勤奮，秋冬才有一碗頭的收成啊！使人在瓜棚豆架下，依稀聽見：「嗡嗡翁！嗡嗡翁！大家一起勤做工。來匆匆，去匆匆，做工興味濃。春暖花開不做工，將來哪裡好過冬？嗡嗡翁！嗡嗡翁！別學懶惰蟲。」的警世兒歌。

養豬的意外

1. 富　人　讀　書　，　窮　人　餵　豬　。
fu⁵⁵ ngin¹¹ dug² su²⁴　　kiung¹¹ ngin¹¹ vi⁵⁵ zu²⁴

2. 貧　窮　畜　豬　，　富　貴　讀　書　。
pin¹¹ kung¹¹ hiug² zu²⁴　　fu⁵⁵ gui⁵⁵ tug⁵ su²⁴

3. 莫　斷　豬　，　家　必　富　。
mog⁵ ton²⁴ zu²⁴　　ga¹¹ bid² fu⁵⁵

　　時間像坐溜滑梯一樣，新年剛過，元宵節又到了。元宵節客家人管它叫「正月半」。

　　提起「正月半」，又勾起許天神福、捉大閹雞、捉大豬……等兒時快樂的回憶。我記憶裡的「正月半」的序幕從十五日清早，十四日晚上子時（晚上十一點至次日凌晨一點）揭開。十四日晚餐素食，飯後，全家大小沐浴更衣，然後一起前往值年爐主家，大人們跳上跌落忙著祭祀前的準備；小孩可樂了，各自找同伴，玩起各種遊戲。十二點一到，主祭者（值年爐主）邀請禮生進行許神大典，各值年頭家陪祭，到場的所有境內信眾男女大小，一起與祭。所有信眾虔誠焚香禮拜，復行三拜九叩大禮。續由禮生宣讀表章。表

章的內容大意是這樣的：

　　歲次××年正月十五日之良辰，位在××縣××鄉××地方，由值年爐主×××率領境內信士×××、×××（每家戶代表，逐一唱名）……人等，謹以金香紙燭、五燥五溼及其餘齋蔬粿餅、五牲酒醴……致祭於上蒼，祈求　玉皇大帝庇佑境內人等闔家平安、五穀豐登、六畜興旺。

　　玉皇大帝就是俗稱的天神爺。這祭典就是：叩許天神平安良福，稱「許天神」。經三獻酒後，冗長的祭典到了尾聲，小孩的嬉鬧聲也漸歇。禮成通常已是十五日凌晨一點左右。收拾好祭品，前來幫忙的婦女，環叉筋斗各個使出渾身解數，快速的將祭品和米熬成熱粥，供信眾享用。吃完宵夜才各自翻山越嶺回家。

　　「正月半」，白天有許多祭祀活動，如敬土地公、拜祖先和拜家中服侍的神明，大人們有得忙。小孩的活動則安排在晚上，等大家吃完晚飯，便迫不及待的換好衣裳，手擎火把或「油笕火」，夜行到附近的土地公（客家人稱「伯公」）廟坪，婦女們虔誠的焚香禮拜，孩子們則玩起捉迷藏……等遊戲。離去前，在土地公廟週邊折枝，人手一枝，回家插在雞舍旁，叫「捉大閹雞」；再在附近犁冬曬白的稻田裡，抱一團泥（客語說「泥坯」）回家，放在豬圈旁，叫做「捉大豬」，來象徵新年六畜興旺。所折的樹枝，木理質地宜疏鬆成長得快，這樣來表示心中的渴求：「雞隻快快長大，絕不可抱石頭回去，這樣豬會養不大。」

　　客家流行一句話：「富人讀書，窮人餵豬。」告訴我們：有錢人家，可用錢請老師來家裡開堂授課；窮人家只有靠養豬賣錢的收入，來支應日常生活的開銷。在塞困的年代，客家人因養豬得到意外的收穫──勤勞和節儉。

10 正月二十遛天穿

1. 有 食 無 食 遛 到 年 初 十 ，
   iu²⁴ siid⁵ mo¹¹ siid⁵ liau⁵⁵ do⁵⁵ ngien¹¹ cu²⁴ siib⁵

   有 做 無 做 遛 到 天 穿 過 。
   iu²⁴ zo⁵⁵ mo¹¹ zo⁵⁵ liau⁵⁵ do⁵⁵ tien²⁴ con²⁴ go⁵⁵

2. 正 月 二 十 遛 天 穿 ，
   zang²⁴ ngied⁵ ngi⁵⁵ siib⁵ liau⁵⁵ tien²⁴ con²⁴

   天 穿 毋 遛 補 毋 轉 。
   tien²⁴ con²⁴ m¹¹ liau⁵⁵ bu³¹ m¹¹ zon³¹

農曆正月二十是天穿日，這個快被大家遺忘的民俗節日，只有客家人還念念不忘。

每年到了天穿日這天，一早，我們得在庭院擺好香案，除香爐外，還燃燒蠟燭一對、備有清茶一杯、甜粄三盤、紙錢一疊。燃香祝禱，其辭曰：

「女媧娘娘在上，今晡日是天穿日，歇在 xx 縣 xx 鄉 xx 村 x 鄰 x 號之 xxx，感念妳煉石補天介德澤，謹以金香紙燭、清茶甜粄之儀，來敬奉妳，希望妳前來領受！尚饗！」

相傳「天穿日」的民俗，來自中原。客

家人是中原的士族，因此把這種民俗，隨著戰亂遷徙到中國甚至世界各地，百科全書上有這樣的記載：

「對客家族群來說，農曆正月廿是『天穿日』，相傳這天是女媧娘娘煉石補天大功告成之日，因此，當天都會下雨……而客家族群對『天穿日』的重視，並不亞於元宵節。」

客家人一次又一次的遷徙，不但把「天穿日」的習俗帶到江南、蜀地及世界各國，也帶來至少兩種迷信：第一、天穿日這天，男不耕田，怕鋤地會使大地漏水；女不織布，怕穿針刺破天堂。因而，就算天穿日賺的錢也會漏光，因此天穿日當天是不工作的，台灣竹東有舉辦「天穿日」唱山歌的習俗，舉行大型的山歌比賽，成為客家人重要的節慶之一。

俗話說：「有食無食迿（音 liau[55] 休憩意）到年初十。有做無做迿到天穿過。」

意思是：年假期間，不論有無吃喝、非有急事，一律休息，等過了天穿日再說，因為，天穿日天穿地漏，又說：「**正月二十迿天穿（con[24]），天穿毋迿補毋轉（zon[31]）。**」

第二種迷信：在拜女媧娘的祭品當中，煎年糕三盤，為的是「補天」，大家都要吃煎、炸年糕，而年糕煎炸好，必須攤平展開、不可捲起，才得以補天。

這兩種無傷大雅的迷信，今日看來著實可笑，在笑聲中，卻留傳了幾千年來的可愛民俗。

二月二，迎龍合做戲

1. 二 月 二 ， 迎 龍 合 做 戲 。
   ngi^{55} ngied^5 ngi^{55}　　ngiang^{11}liung^{11} gag^2 zo^{55} hi^{55}

2. 看 戲 看 到 奸 臣 死 。
   kon^{55} hi^{55} kon^{55} do^{55} gien^{24} siin^{11} si^{31}

3. 二 月 二 ， 百 項 種 子 可 落 地 。
   ngi^{55} ngied^5 ngi^{55}　　bad^2 hon^{55} zung^{31} zii^{31} ho^{31} log^5 ti^{55}

　　「二月二」是指農曆二月二日。從前，二月二日在客家村庄裡的大伯公廟前的廣場，有戲班子演戲，在那個沒有什麼娛樂的年代，鄉下人家有戲班子入庄是村裡的一件大事。村庄中的大大小小都來看戲。時間久了，大家口中都流傳著「二月二迎龍合做戲。」的諺語。

　　這時，鄉里中的農家有生產山楂、甘蔗、橄欖、玉米……都肩挑手提的拿這些東西到戲台下賣給小朋友解饞。其中有賣杏仁茶熱飲的，燒開的水壺嗶嗶作響，有賣氣球的，這是小朋友抽中來的獎品，中獎的孩子，一個個興高采烈的拿著這獎品，到人較稀少的地方，漲紅著臉吹起來。這時候，有一個喝杏仁茶的小朋友被人撞翻了，眼巴

巴的看著空杯子想哭。在不遠處傳來氣球破裂的聲響，仔細一看，破了氣球的小朋友坐在泥地上大哭。傍晚時候，下午的演戲告一段落，有三、五個壯漢從伯公廟旁擎著事先糊好的龍在「嗆咚嗆」的鑼鼓聲中舞弄，這時，有一些手銃的孩子，隨著鼓聲高唱「嗆咚嗆，嗆咚嗆，龍頭磅淨淨」；「喊咚喊，喊咚喊，龍尾磅嗶嗶」，同時，手拿點燃的鞭炮向人群中丟擲，惹得迎龍的壯漢亂蹦亂跳的。原來「二月二迎龍合做戲」是這副場景。

當天晚上在廟坪還有演戲的活動，吸引地方上的老老小小，有自備椅子準備看戲班子的演出。戲台下，有吃糖葫蘆，吃得滿臉都是紅紅的，活像戲台上的小丑。有年輕的夫妻，把二、三歲的孩子舉在肩膀上，好專注的看戲台上的演出。戲台下，小孩子則追逐打鬧，增加場子的熱鬧氣氛。到了晚上八、九點戲齣的故事「包公審郭槐」已經到尾聲了，最後壞人被五花大綁，推下去斬了，這種大快人心的事，難怪許多觀眾竊竊

私語：「看戲看到奸臣死」。

未驚蟄，先響雷

1. 未　驚　蟄　，　先　響　雷　，
　　mang^{11} giang^{24} ciid^5　　cien^{24} hiong^{31} lui^{11}

　　四　十　九　日　烏　頹　頹　。
　　si^{55}　siib^5　giu^{31}　ngid^2　vu^{24}　tui^{11}　tui^{11}

2. 驚　蟄　，　牛　藤　直　。
　　giang^{24} ciid^5　　ngiu^{11} ten^{11}　ciid^5

　　客家老古人言有一句：「未驚蟄、先響雷，四十九日烏頹頹。」

　　「驚蟄」的意思是：春天到了，春雷初響，大地萬物開始萌芽生長。那些在嚴寒冬天時躲進土壤裡或在石洞中蟄伏起來的動物被春雷驚醒後，也開始甦醒、活動，迎接春天的來臨。這時，正是農夫們忙著插秧的時節。不過，如果在這個節氣前就發生打雷的現象，表示可能會出現雨水連綿的異常天氣，而且容易發生災害，所以才有農諺「未驚蟄、先響雷，四十九日烏頹頹」的說法。

　　去年此時此地，我寫「驚蟄，牛藤直」意謂驚蟄是農忙時節。今在這裡寫「未驚

蟄，先響雷；四十九日烏頹頹」是預測驚蟄時節的天候。驚蟄時期在家鄉大湖，「農忙」是要的。不管種田插秧或是種植草莓的農家。

六十、七十年代，對家鄉大湖的農夫來說，這個時節必須忙著插秧、播種，期待這一年能有好收成。農夫也多依據「驚蟄」這一天是否打雷來預測收成的好壞，如果打雷，這一年的收成將會很好；如果沒有雷聲，就表示可能會鬧饑荒。

現在台灣交通四通八達，大家如果經過大湖，已不是印象中的水田漠漠、或「一行白鷺上青天」；而是一畦畦的草莓園取而代之，不管紅、綠相間草莓也好，漠漠的水田也罷，隱藏在農夫背後的汗水、辛酸有誰知？其間氣候的變化，像前一陣子台灣中北部地區的霜雪、冰霰等的寒害。欲哭無淚的，唯有終年和天候搏鬥的農民。這也難怪他們自「汗滴禾下土」之餘，體會「驚蟄，牛藤直」和「未驚蟄，先響雷；四十九

日烏頹頹」的精義。

13 又到牛藤直的時節

1. 驚 蟄 牛 藤 直 ，
giang²⁴ ciid⁵ ngiu¹¹ ten¹¹ ciid⁵

　春 分 亂 紛 紛 。
cun²⁴ fun²⁴ lon⁵⁵ fun²⁴ fun²⁴

2. 未 驚 蟄 ， 先 響 雷 ，
mang¹¹ giang²⁴ ciid⁵　　cien²⁴ hiong³¹ lui¹¹

　四 十 五 日 烏 頹 頹 。
si⁵⁵ siib⁵ ngu¹¹ ngid² vu²⁴ tui¹¹ tui¹¹

3. 未 驚 蟄 先 雷 鳴 ，
mang¹¹ gaing²⁴ ciid⁵ cien²⁴ lui¹¹ miang¹¹

　暗 暗 啞 啞 到 清 明 。
in²⁴ in²⁴ a³¹ a³¹ do⁵⁵ ciang²⁴ miang¹¹

今年三月六日是驚蟄，驚蟄後半個月是春分。這正是客家先祖所說：「驚蟄牛藤直，春分亂紛紛」的時節。

牛藤是指農夫駛牛，為了駕馭牛隻所使用的工具之一。一付有兩條，每條長約兩米。駛牛時，兩端分別套住牛軛和犁、耙……等。平常不用時，捲收起來收藏，農忙，人忙牛也不得閒。駛牛，牛藤豈有不拉直之理？「驚蟄牛藤直，春分亂紛紛。」這句話是說：從前農耕，每年到了驚蟄、春分時節，正是農家忙得不可開交的時候。

在一片漠漠水田中，家家戶戶的耕牛都牽出來了，或犁或耙，或踏割耙，或打碌碡；野花青草遍地，加上不遠處小山岡有幾隻翱翔的白鷺鷥點點，點綴其間。忙碌中看似悠閒，這令人看了有悠然神往的畫圖，給人一種物阜年豐的美麗憧憬。

其實不盡然，沒有生在農家，長在農家，或親歷其境，萬難體會「牛藤直」「亂紛紛」的境況。山間耕種梯田的農家最清楚，比起耕種洋田的人家要提前引水灌田；且「暮春三月，江南草長」，田畝之間雜草待除……，此刻，要「伐大崁」，就是用開山刀，將田與田之間留有較大隙地上的雜草伐除；要「做田崁」，用鐮刀將田中後壁的雜草砍除；須「剷田塍」，拿鋤頭或劈刀將田塍連草帶薄土剷光；須「改田角」，水田犁不能到之處，必須用鋤頭挖掘；還得「塑田塍」，用鐵爪爪新的濫泥糊在田塍上，再用小蕩蕩平；又得「出牛欄糞」，將牛隻排泄的屎尿等穢物及吃剩的草料，經過牛隻的重複踩踏成的叫牛欄糞，將牛欄糞挑到田中，撒播散佈充當基肥之謂。

無論「伐大崁」、「做田崁」、「剷田塍」、「改田角」、還是「塑田塍」……等，樣樣都是粗活，多必須插足水田濫泥中。必得躬身其中的人，方能體會「盤中飧、粒粒苦」的況味吧！

再說：農家對天候的變化，最為敏感。

驚蟄前後，老古人根據長期的觀察，得到寶貴的經驗，說：「未驚蟄先響雷，四十九日烏頹頹。」又說：「未驚蟄先雷鳴，喑喑啞啞到清明。」前句說還沒到驚蟄便打雷，那年聽聞雷聲的地區，從打雷那天算起，將有一個半月餘烏雲罩頂，看不到陽光，不是下雨，就是陰天。後面那句則比較保守，說還不到驚蟄雷鳴，陰雨天將持續到清明。不知什麼道理？聽說還蠻靈驗的，不靈驗行嗎？這句話是要給千千萬萬辛苦的農家參考的！

未種菜瓜先搭棚，未降賴兒先安名

1. 未 種 瓜 先 搭 棚 ，
   mang¹¹zung⁵⁵ gua²⁴ cien²⁴ dab² pang¹¹

   未 降 賴 兒 先 安 名 。
   mang¹¹giung⁵⁵ lai⁵⁵ e¹¹ cien²⁴ on²⁴ miang¹¹

2. 未 做 生 理 先 學 肚 量 ，
   mang¹¹ zo¹¹ sen²⁴ li²⁴ sien²⁴ hog⁵ du³¹ liong⁵⁵

   未 出 家 門 先 學 謙 讓 。
   mang¹¹ cud² ga⁵⁵ mun¹¹ sien²⁴ hog⁵ kiam²⁴ngiong⁵⁵

日前，有位朋友來找我，說什麼我學中文的，一定要幫他將出生的兒子，取一個雅一點的名字。朋友走後，我突然想起一句客家諺語來。

「未(mang¹¹，還沒的意思)種菜瓜先搭棚，未降賴兒(降，音giung⁵⁵，生子謂降；兒子謂賴兒)先安名。」

先說種菜瓜，農夫農婦農曆正月開始播種，二十天後，瓜苗長成，便要小心翼翼的，將這些嫩苗移植到一塊肥沃的土地上種植，然後天天澆水、施肥、拔草、除蟲……這樣經過十天半月，還要再搭一瓜棚，讓瓜藤攀

緣依附，如此歷盡了千辛萬苦，方才有結實纍纍的收成。

再說，從前人家生養孩子，先要母親懷胎十月。等到孩子出生之後，才急急忙忙為新生兒取名字。命名學問很大，所以鄉裡間有錢人家，非常慎重。有請算命先生為子女命名、同時排八字、造流年的。

不管怎麼說，前人為子女命名，總在孩子出生之後，因為，為孩子命名是男女有別的，而且每個人的生辰八字不同，傳說又有深奧的生剋道理在。如果命中缺金便取「×鑫」，缺木便取「森×」，缺水便取「淼×」，缺火便取「×焱」……

「未種菜瓜先搭棚，未降賴兒先安名。」這句諺語，原本告訴我們，凡做事都要有條理、講順序，依循著事情的條理，不躐次、不拖延，才能事半功倍。

然而時代不同了，由於醫學的發達，現代人生兒育女不一樣了。婦女一有身孕，按月要到婦產科去做產前檢查。產前幾個月，便可透過超音波，預知生男還是生女。也由於教育的普及，現代父母已不再迷信生辰八字，缺這缺那的那一套。所以做父母的，有充裕的時間，為新生兒預取一個漂亮的名字。

再者，現代農場，利用科技大量生產，種瓜也是，既然決定種瓜的田畝，便忙著預先搭好棚架，免除瓜藤長成後無處攀爬的窘迫！

由於時代的進步，想不到「未種菜瓜先搭棚，未降賴兒先安名。」這句諺語的意義，也有了一百八十度的轉變。

原本是消極的反諷人們越次躐等的話語，卻變成了勉勵人們「凡事豫則立，不豫則廢」的好話。

貳

夏

清明打艾

1. 清 明 晴 ， 百 事 成 。
ciang^{24}miang^{11}ciang^{11}　　bag^{2}　sii^{55}　sang^{11}

2. 立 春 落 雨 透 清 明 ，
lib^{5}　cun^{24}　log^{5}　i^{31}　　teu^{55} ciang^{24}miang^{11}

　　一 日 落 雨 一 日 晴 。
id^{2}　ngid^{2}　log^{5}　i^{31}　　id^{2}　ngid^{2} ciang^{11}

3. 春 分 清 明 ， 有 食 懶 行 。
cun^{24} fun^{24} ciang^{24}miang^{11}　　iu^{24}　siid^{5}　nan^{24} hang^{11}

4. 清 明 前 打 扮 田 ；
ciang^{24}miang^{11}cien^{11} da^{31}　ban^{55} tien^{11}

　　清 明 後 打 扮 豆 。
ciang^{24}miang^{11}heu^{55} da^{31}　ban^{5}　teu^{55}

5. 清 明 前 可 蒔 田 ，
ciang^{24}miang^{11}cien^{11} ho^{31}　sii^{55}　tien^{11}

　　清 明 後 可 種 豆 。
ciang^{24}miang^{11} heu^{55} ho^{31} zung^{55} teu^{55}

清明時節雨紛紛，路上行人欲斷魂；
借問酒家何處有，牧童遙指杏花村。

每到清明時節，學校課堂上老師一句，學生一句的念起上面的七言古詩。有些老師還教導學生客家的諺語，「清明晴，百事成」、「清明前打扮田；清明後打扮豆」。我們小孩只顧吃喝，那管什麼天候的晴雨，百事成與不成，跟我有什麼關係？只知道「鍋子裡的豬籠粄可吃了沒」？我們知道清明時候，客家婦女要用艾草製作豬籠粄。又叫做「菜包」。把米浸泡後磨成漿，再將濾乾的「粄粹」，用手搓揉使其 Q 彈。內餡實以蘿蔔絲、豆干、肉丁……等再將外皮合起來捏成豬籠狀，後用山野中採摘來洗淨的馬甲藤葉墊底(或用月桃葉洗淨剪成粄之大小、或用柚子樹的老葉)置於粄簝上。放入鍋(蒸籠)中大火蒸約二十分鐘，起鍋即可食。

艾草粄的製作說起來不簡單，艾草莖團的製作並不是那麼容易。我初上小學的那一年，有一個假日，媽媽帶我到隔壁村庄，指著眼前這塊地，要我將上面的艾草採摘起來，並且要我將採集的艾草裝入袋中，然後她便獨自上山工作。到了中午，我背了半袋有餘的艾草興高采烈的回家，媽媽把布袋打開察看，說：要你採集艾草的嫩莖，你卻把艾草連根拔起，媽媽把布袋裡的艾草拿出來，挑其中能用的只有一小撮而已。

今天我們用艾粄祭祀祖先之餘，長輩還會想念著清明節的故事。其中有一個傳說，敘述春秋戰國時代介之推不言祿的故事。當時有一個名叫介之推的人，清淨自守，非常賢能，晉文公有意請他出來給予重祿，為朝廷做事。介之推知道了，帶著老母躲在綿山，抵死不從。晉文公聽從策士之言，放火燒山，想把介之推逼出來，結果大火燒了三天三夜，等火熄了，晉文公帶著大批人馬搜山，只見介之推抱著母親被焚得面目全非的屍體。後來晉文公下令全國於清明節前一連三天，家家戶戶不得生火煮食，這是「寒食節」的由來。

童稚時，年幼無知，只顧自己的溫飽，每每走過鄰居屋旁，一陣陣的粄香、月桃葉香或柚子葉香，撲面而來，便可判別又快到清明了。

其實，清明為什麼要掃墓祭祖、慎終追遠，故事中並沒有清楚的交代，我們也只好跟著大人到祖先的墳前獻上一束鮮花，掛上一串紙錢，表示後代子孫對祖先的一片孝心。

番豆彎彎，兩三翻

1. 番　豆　彎　彎　，　兩　三　翻　。
   fan²⁴　teu⁵⁵　van²⁴　van²⁴　　liang³¹　sam²⁴　fan²⁴

2. 蒔　田　到　穀　雨　，　有　穀　沒　米　。
   sii⁵⁵　tien¹¹　do⁵⁵　gug⁵　i³¹　　iu²⁴　gug⁵　mo¹¹　mi³¹

3. 番　豆　剷　三　到　，　豆　莢　大　到　爆　。
   fan²⁴　teu⁵⁵　can³¹　sam²⁴　do⁵⁵　　teu⁵⁵　giab²　tai³¹　do⁵⁵　bau⁵⁵

　　我國農民曆，將一年劃分成二十四節氣，我國以農立國，這二十四個節氣中，蘊藏著春耕、夏耘、秋收、冬藏之事，屬於春天的節氣有：立春、雨水、驚蟄、春分、清明、穀雨等六個。關於節氣，各地民眾又有許多諺語加以解釋。

　　例如說清明：「清明前，打扮田；清明後，打扮豆。」又說：「清明前，可蒔田；清明後，可種豆。」都在說明一件事，時序到了清明，之前，半旱渴的水田，有雨水的話，還可以準備插秧。因為「蒔田到穀雨，有穀無米」，那麼清明過後，就得準備種豆子了。

之前，大湖老家種的六七分地（薄田），是典型的看天田。春耕時節如遇雨季，水田都盆滿缽滿，農夫笑逐顏開。一遇旱季，眼看清明時節降臨。農夫只好眼巴巴的，乾望雲霓，要備豆種種豆了。

我是小孩的當口，有幾回，家鄉連年乾旱。我懂事，清明一過看天仍無雨的跡象，一從學校放學，換上工作服，拿起鋤頭，便到田間隙地剷草鋤地，讓草曬乾。幾天後，再將所剷的泥和草，耙成堆，點火燃燒成火爛泥（草木灰泥）。清明過後幾天，父母已將田尾那塊臨河的沙埔地整好，預備種植花生。一天下午，父親帶著媽媽和我，種花生去。父親將整好、鬆好土的沙地，在地面挖好一個個小洞；我把畚箕中事先準備好的火爛泥一把一把丟進一個個洞中；跟隨在我後面的媽媽，則一個洞放兩粒花生種子於其中，然後掩土其上。直到整塊地種滿、種完。天黑了，種花生的大事，總算大功告成。媽說：「這麼巧，剩下幾顆花生仁。」爸說：「廣東人目巧，菜完飯也飽。」原來，這句話的涵義在此！

一、兩周後，花生苗抽莖長葉，田中一片綠意。煞是好看。這時，小草也生長起來，我們開始剷草、鬆土。不幾天，花生根部開黃色小花，它要伸入土中。農家百忙，也得剷草鬆土。花期達二個月之久，剷草鬆土也就不只一次。因此，老古人說：「番豆剷三到，豆莢大到爆。」

由是觀之，不管蒔田也好、種豆也罷，對農家來說，都是辛苦備嘗的！

3　立夏起北風

1. 立　夏　起　北　風　，　十　口　魚　塘　九　口　空　。
   lib⁵　ha⁵⁵　hi³¹　bed⁵　fung²⁴　　siib⁵　heu³¹　ng¹¹　tong¹¹　giu³¹　heu³¹　kung²⁴

2. 上　畫　南　風　下　畫　北　。
   song⁵⁵　zu⁵⁵　nam¹¹　fung²⁴　ha²⁴　zu⁵⁵　bed²

3. 日　裡　陽　曬　夜　雨　澤　，
   ngid²　li²⁴　iong¹¹　sai⁵⁵　ia⁵⁵　i³¹　ced⁵

   上　畫　南　風　下　畫　北　；
   song⁵⁵　zu⁵⁵　nam¹¹　fung²⁴　ha²⁴　zu⁵⁵　bed²

   農　漁　船　家　都　滿　意　，
   nung¹¹　ng¹¹　son¹¹　ga²⁴　du⁵⁵　man²⁴　i⁵⁵

   四　付　豬　頭　總　下　得　。
   si⁵⁵　fu⁵⁵　zu²⁴　teu¹¹　zung³¹　ha⁵⁵　ded²

不論中國大陸或台灣，客家人和山總是結了不解之緣。當還是以農耕為主的年代，農民對水資源的爭取十分努力，住在山區的客家人，便展現其勤勞的生活哲學。

魚塘是魚池的意思。客家人在山區開墾，最重要的是尋覓水源。大家可能只知道，台灣北部的桃竹苗，是客家人聚居的地方；可是大家少知道，這裡是台地地形，雨水容易流失，因此，要塑陂塘來蓄水灌溉。塑陂塘跟建水庫差不多，得把水源圍堵起來，山區築水塘比較簡單，只要把水流出口築一攔水壩即成。這攔水壩我們稱「魚塘埲」或叫「塘埲」。「塘埲」一定要厚實牢固，客家人本著勤奮堅毅的個性，一鋤頭、一鋤頭，一畚箕、一畚箕。覆一層土、蓋一層連跟的草木，再用木杵舂實，最後築成約一、兩公尺厚的攔水壩。這水塘多半位於田畝的高處，具有調節稻田水量的功能。

建好池塘，客家人再發揮儉樸個性，「塘埲」寬厚不得聽其荒廢，應該善加利用，種植蔬菜或瓟藤菜瓜。君不聞山歌這樣唱：「新塑塘埲種苦瓜，苦瓜行藤打野花。」水塘除了蓄水，閒置可惜，於是放些魚苗在水池中，早上上工前、晚上放工後，採割些草料，或嫩葛藤葉，或山香蕉葉，遍撒於魚池中，養起草魚、鱅魚來。一來魚兒肥了，可以捕撈賣錢補貼家用；也可年節自食或請客加菜，老人家常喚年輕人，「打鯉母，請親家。」其好客就是勤儉中來。

夏天到了，有一句老話跟立夏、魚塘有關：「立夏起北風，十口魚塘九口空。」意思是：立夏這天，如果吹起北風（夏季應吹南風），這種風不調、雨不順的天候，養魚人家如遭災難一般，鬧魚瘟、魚兒死光。真可憐農民長年辛勞，付諸流水，向誰傾訴？

說到立夏起北風，使我想起一個關於「上晝南風下晝北」的傳說：從前，有一個客家庄，庄中有一座土地伯公廟，十分靈驗，香火鼎盛。一天，廟裡來了四位信士，

一位農民，因天旱已久，來求下雨，以潤澤
大地；一位漁民，捕獲小魚頗豐，祈求天晴，
好曬之成乾；一位向北行進京趕考的舉子，
求吹南風；一位欲前往南洋做生意的商人，
求吹北風。每位信士都同樣許豬首來答謝，
這可難為了土地伯公，回家向伯婆訴苦，豈
知伯婆英明，說：

「日裡陽曬夜雨澤，上畫南風下畫
北；農漁船家都滿意，四付豬頭總下
得。」

上面的故事，告訴我們：因為世間百業，
人人慾望無窮。做人難，做神也難。我想立
夏起北風是難免的。

4

談魚塘

1. 魚 怕 旱 塘 ， 人 怕 浪 蕩 。
ng^{11} pa^{55} hon^{24} ton^{11} ngin^{11} pa^{55} long^{11} dong^{24}

從前農家，要非常勤奮，才可自給自足。桃竹苗台地上討生活的農家，多開鑿水塘，一來儲水灌溉水田，二來養魚變賣，以增添收入。

談起魚塘，就想到客家族群，本來用來蓄水灌田的水塘，勤勞又節儉的客家人，以為水塘閒置可惜，便利用工頭工尾（上工前放工後），割取田邊的嫩草、山上的山香蕉葉，水塘便可餵養草魚、鰱魚。年節，賣魚買年節貨；有訪客，捉魚加菜。

客家人的勤奮儉省，還不只此；有一條山歌唱到：

新塑塘堋種苦瓜　苦瓜行藤打野花
野花恁靚無結子　阿妹恁靚無共家

山歌的意思是：那口新開鑿的水塘大壩任荒蕪可惜，把這隙地挖來種苦瓜吧！苦瓜長成了，開滿黃色的野花，這野花是不會結果的，就像妹子雖美跟我終不能結成連理一般。

這由本來蓄水的水塘，成了客家人的魚塘，可見客家族群之勤奮節儉的一斑。

誰說「流汗灑種必歡呼收割」？民國六十一年八月，台灣來了一個颱風，釀成災害。當時，我家「上屋」蓄有口魚塘，養有一、兩百條草魚。因颱風帶來豪大雨，「魚塘」水滿溢，肥美的草魚紛紛順著山溝流下，我們家撿了數十條，足足吃了月餘。

諺云：「立夏起北風，十只魚塘九只空。」那年立夏不知起了北風沒？害得「上屋」損失不貲。「立夏起北風，十只魚塘九只空。」我的解讀是風不調雨不順，導致魚兒「反塘」。發生洪水雖也是風不調雨不順，「十只魚塘九只空」的原因，終非被洪水沖走，因為發生洪水屬局部地區啊！

時至今日科技發達，魚兒「反塘」之前，有藥物控制，以防範未然。老祖先的智慧「立夏起北風，十只魚塘九只空。」得修正了。

5 竹愛嫩時拗

1. 竹 愛 嫩 時 拗 ， 子 愛 幼 時 教 。
   zung^2 oi^{55} nun^{55} sii^{11} au^{31} zii^{31} oi^{55} iu^{55} sii^{11} gau^{24}

2. 三 日 毋 打 ， 上 屋 拆 瓦 。
   sam^{24} ngid^2 m^{11} dai^{31} song^{24} vug^2 cag^2 nga^{31}

前不久，太太陪我到一位新竹友人家拜訪友人。

友人住在古蹟裡，這老屋是完整的三合院。那天友人就在這具有歷史的老屋「廳下」(客廳) 接待我們。我一坐定，眼睛習慣性的對環境掃描一過，他面門的那扇牆上掛著神像，神桌的右邊擺阿公婆牌，四方餐桌靠左放著，右側靠牆則放西式沙發、茶几，左右兩側「陴頭壁」中間，畫書一幅中堂，上聯寫：「水能性淡為吾友」，下聯「竹解虛心是我師」。客家人隨時代變遷，客廳擺設容有增減，然把客廳當作祭祀空間、招待客人兼做餐廳是不變的。我喜歡蘇東坡「可以食無肉，不可居無竹」的品味，也喜歡這幅聯語。從這幅對子可以看出從前這家主人，仰慕水、竹的象徵，所以書勉子弟。

這使我想起苗栗老屋，屋側那塊伴我成人長大的桂竹林。

每年清明後約有一、兩個月，是家鄉的桂竹筍期。如果清明前雨水充足，全鄉的桂竹林，到了清明後，真的一片雨後春筍景象。窮人家平時沒有收入，自家山上竹林裡長竹筍，能拗竹筍賣錢，當然不會放過。媽媽找來布袋，我們跟隨其後，鑽入竹林。看見出土一、二尺長的筍子，便用手或腳拗折下來，放入布袋裡。就這樣，在竹林裡爬上跑下，布袋裝滿竹筍，再也裝不下、背不動。這時只好揹到寬闊處，把筍子倒出來，給另一批人來剝筍殼。我們再回到竹林裡，繼續拗竹筍。新筍價高，我們天天都到竹園裡。辛勤兩、三禮拜以後，拗竹筍已不敷工錢，這時農家所謂的「留竹娘」，就是聽筍子長成新竹。

一天，我要割草餵牛，再隨母親走過那片竹林，看見一根新竹被拗折成牛軛狀，並用繩子固定起來。媽媽靈敏的體察到我稍駐足的疑惑，說：「竹牛軛比較涼快，對牛來說工作起來比較舒服。」接著說：「做竹牛軛，沒恁容易。竹愛嫩時拗就像子愛幼時教共樣，還細毋搵大了搵毋彎。」

「竹愛嫩時拗，子愛幼時教。」這兩句話的正解是：糾正孩子行為的偏差與錯誤，要趁孩子在幼年時候；猶如要折彎竹子，要趁竹子剛生出不久，趕在它還是嫩竹時。大家應知道，折嫩竹不易斷裂；小孩一出現非社會行為或反社會行為應立即制止導之於正途，否則等到他的非、反社會行為成了習慣，再行導正，則不易而難成，「江山易改，本性難移」的緣故。所以又常聽老人家說：「三日毋打，上屋拆瓦。」即這個道理。

6 綠豆湯之戀

1. 胡　椒　細　細　辣　過　薑　，
   fu[11]　zieu[2]　se[55]　se[55]　lad[5]　go[55]　giong[24]

   綠　豆　細　細　贏　過　老　藥　坊　。
   liug[5]　teu[55]　se[55]　se[55]　iang[11]　go[55]　lo[31]　iog[5]　fong[24]

前幾天晚上，太太、兒子、兒媳和我，逛附近的夜市。累了，在一家賣仙草冰的攤位坐下，吃一碗燒仙草。這燒仙草使我想起六十年前的那鍋綠豆湯。

孩提時，父親務農，不失客家人勤勞儉省本性，在田間隙地，種些綠豆、雜作。當綠豆收成的時候，我們可樂了，一家人大家比賽看誰剝的豆實顆粒比較多，那些豆實的顆粒總比店裡買的小，因為，那時候還沒有基因改造啊！父親說：「顆粒小是土地貧瘠的關係！」其實那才是真正有機的食物。

那個年代，母親每年過了立冬，會選一天，或買四神、或買八珍，加在排骨中熬煮，為我們補冬；同樣，每年過了立夏的某一天，必煮一鍋子綠豆湯，為我們消暑、解毒。

一天，吃過晚飯，媽將那只飯鍋──輕銀盆頭，量了幾碗綠豆，順便在旁邊米房中

抓了一把米，再倒幾勺水，淘洗幾遍，我在灶前猛添柴火，母親忙進忙出，好一幅初夏母子灶下圖。十來分鐘後，綠豆湯煮開了，綠豆在鍋中「跑花作浪」（舞動），新砍的山柴，也必必剝剝的響。又十幾二十分鐘過去，豆子熬煮開花（爛）了，媽放幾大匙砂糖，再釘（灑）幾粒鹽巴提味。把平時放飯鍋的飯甌架，搬到曬穀場上，那鍋綠豆湯放於其上，經過一夜露水，第二天飲用沁涼無比。這是家裡還沒冰箱時母親想出來的吃法。

豆類植物都富有豐富的植物性蛋白質，綠豆湯又具有清熱、消暑、解毒的功效。媽媽在世的時候，每喝綠豆湯的時候，就知道夏天又來了。最令我懷念的是那和有夜露野味、沁涼無比的綠豆湯。

7

農曆五月

1. 五 月 毋 食 蒜 ， 鬼 在 身 邊 鑽 。
   ng^{31} ngied^5 m^{11} siib^5 son^{55}　　gui^{31} cai^{55} siin^{24} bien^{24} zon^{55}

2. 五 月 北 風 打 平 過 ，
   ng^{31} ngied^5 bed^2 fung^{24} da^{31} piang^{11} go^{55}

   六 月 北 風 毋 是 貨 。
   liung^2 ngied^5 bed^2 fung^{24} m^{11} he^{55} fo^{55}

3. 五 月 節 ， 楊 梅 紅 出 血 。
   ng^{31} ngied^5 zied^2　　iong^{11} moi^{11} fung^{11} cud^2 hied^2

4. 五 月 節 ， 楊 梅 八 八 跌 。
   ng^{31} ngied^5 zied^2　　iong^{11} moi^{11} bad^5 bad^5 died^2

農曆五月到了，大家一定不會忘記，農曆五月有一個重要的民俗節日——端午；客家人稱作「五月節」。五月這個月份屬春夏之交，在台灣天候是由溫暖過渡到炎熱。因此，客家老古人言：「**五月毋食蒜，鬼在身邊鑽。**」告訴我們此時盛夏將至，各種病媒已然滋生。吃蒜可以衛生，不吃蒜的話，病媒可能在你身邊伺機而動。同樣，還有一句俗諺這麼傳誦：「**未食五月節介粽，襖袍未可入甕。**」襖袍，指冬天穿著的大衣。(《廣韻》：「袍，長襦也，薄褒切。」) 甕，這裡借指衣櫃。經驗告訴我們：端午節前，還可能有冷鋒過境。所以，未吃端午節的粽子，大衣還不要收藏起來。先人一再提醒我們，農曆五月正是一年當中暖熱交接的時節。

農曆五月，是特殊的月份。對於氣候，老時人有敏銳的觀察，說：「**五月北風打平過，六月北風毋是貨。**」打平過，指風雨調和的意思；毋是貨，是說不是什麼好東西。同是北風，農曆五月如果颳北風，風雨還算調和；六月如果颳北風，便有大風大雨甚至颱風的發生；這算是古人的氣象預報了！在科技不甚昌明的時代，人們只能靠經驗，來迎接未來日子的生活了。

說到產物，俗話也說：「**五月節，楊梅紅出血。**」或「**五月節，楊梅八八跌。**」到了五月節前後，楊梅成熟了。從前中壢一帶的客家庄，市場上賣很多的楊梅，五月端午前後，中壢、楊梅一帶，放眼望去，滿山遍野紅通通的楊梅，是多麼撩人的景緻呀！

農曆五月，天候漸漸燠熱起來，人們也有利用五月節，洗百草水，期抗百毒的習俗。節前，鄉村孩童趁到屋前屋後玩耍之際，採集大風草、香蒲、大艾、香茅、樟樹、柚樹的枝葉⋯⋯這些香草，拿回家縈成一結一結的曬乾，等到五月節當天傍晚，拿出來洗淨，置入大鍋中加水熬煮，當晚取這百草水和清水洗澡。小孩子只知道水很芳香，怎知大人祈求家人平安，抗暑氣、卻百病的深意？

8 粄粽

粄粽

> 1. 未 食 五 月 粽 ， 襖 袍 毋 可 入 甕 。
> mang^{11}siid^5　ng^{31} ngied^5 zung^{55}　　o^{31}　po^{11}　m^{11}　ho^{31} ngib^5 vong^{55}

「未食五月粽，襖袍毋可入甕。」這句客家老古人言，說端午節過了，天氣就漸漸炎熱起來，寒衣可以真正洗刷、收藏起來。端午節的粽子吃完了，一年中最炎熱的夏天，終於到了，可是那股濃郁的粽葉香，尤其，月桃（苟薑）葉香，確實在我腦海深處飄盪。

客家民俗，一年當中，每逢年節都必須製作些應節的糕餅。例如：過年製做甜粄（年糕）、鹹年糕、蘿蔔粄、發粄、發包兒，正月半（或十月半）製作紅粄、丁兒粄，清明打菜包兒、艾粄，五月節、七月半、八月半則摝粽兒……，流傳在鄉野有這句話：「前世無休，嫁分 × 天送；過年無打粄，過節無摝粽。」一位新婦泣訴嫁到貧窮人家的苦況。

說起粽子，客家粄粽名聞遐邇。先將全糯米，用清水浸泡一夜，磨成米漿，裝在布袋裡濾去水分或拿石頭壓乾，將壓乾的粄粹搓揉成一大團，再掰成拳頭大小，拍揉成圓扁形，實以豆干、瘦肉丁、碎蘿蔔乾或蘿蔔絲、蝦米切碎……（因人而異）。因洗淨的月

桃葉，去梗撕開、圈成喇叭狀，將包好餡（客音：心）料的粄團置於其中，再綁在「粽擻」上，放在鍋內蒸熟，起鍋後熱騰騰的粄粽便可食用。

「搨粄粽」很費工夫，年輕的客家婦女不傳也久矣。真會「搨粄粽」的人也多怕麻煩，省事了之，「搨粄粽」真正成為夕陽產業。而今，聞到月桃粽葉香，就想起有媽媽味道的客家粄粽。

9

舂一斗米粢，無可送屘姨；
揚一斗米粽，有可滿庄送。

1. 舂　一　斗　米　粢　，　無　可　送　屘　姨　；
zung^{24}　id^2　deu^{31}　mi^{31}　ci^{11}　　mo^{11}　ho^{31}　sung^{55}man^{24}　i^{11}

揚　一　斗　米　粽　，　有　可　滿　庄　送　。
tag^2　id^2　deu^{31}　mi^{31}　zung^{55}　　iu^{24}　ho^{31}　man^{24}zong^{24}　sung^{55}

2. 過　節　無　揚　粽　，　家　裡　毋　鬆　動　。
go^{55}　zied^2　mo^{11}　tag^2　zung^{55}　　ga^{24}　li^{24}　m^{11}　sung^{24}tung^{55}

　　端午節，客家人稱作五月節，五月節家家戶戶沒有不包粽子的，包粽子客話說「揚粽兒」。提起「揚粽兒」，我想到一句客家諺語：「舂一斗米粢，無可送屘姨；揚一斗米粽，有可滿庄送。」

　　這句從廚房內傳出的諺語，道出了客家婦女，長年在灶下操持，體會出的家事經驗！民國五、六十年代的客家庄，有誰家娶媳婦、做壽……辦喜事，所有鄰居都會自動前來義務幫忙。宴客的前一晚，有一個重頭戲，就是義工們合力舂粢粑(粢粑是一種柔軟的點心食品)。首先主婦們將用飯甑蒸熟的糯

米飯，倒入洗淨的木製舂臼中。壯年男子則兩人一組（力盡時輪替），拿起舂槌使勁把舂臼內的糯米飯，舂成粢粑，好在次日當作點心，以饗賀客。

「舂一斗米粢，無可送厝姨」是說用一斗米舂成的粢粑，分量是少的，自個兒吃都還嫌不夠，哪還有剩送厝姨呢？如若拿同樣一斗米包粽子，份量可就多了，多到自家品嚐外，還足夠送給全村子的鄰居呢！所以說「搦一斗米粽，有可滿庄送」。

客家粽子，我知道的有三種：包餡的鹹粽和粄粽，還有沒包餡要沾糖粉吃的鹼粽。當然並不是每一種粽子，搦一斗米粽有可滿庄送。要有經驗的婦女才曉得，可以滿庄送的粽子，是哪一種？

小時候，我看媽媽包鹼粽，每包完一個，都要拿到耳邊搖一搖，當時不知其所以，也不曾問過媽為什麼？慢慢長大，吃多了鹼粽，方才體會出，包鹼粽搖一搖，是一種竅門。鹼粽要包得鬆，包好一搖可以聽到米粒在粽葉裡晃動，煮（客話說渫）出來的粽子，才會柔嫩，吃起來才有入口即化的快感。正因為包鹼粽，米粒不能太滿，所以包起來分量多，自然就能滿庄送了。

時代越邁向現代化，分工愈細，現在的端午節，家裡不包粽子，節味也變淡了！家庭主婦，一上市場，便有滿坑滿谷、各式各樣的粽子得買，何必費神學包粽子？因此，「舂一斗米粢，無可送厝姨；搦一斗米粽，有可滿庄送。」這種客家婦女積年累月所得到的寶貴經驗，也只有提供後人茶餘飯後談助罷了。

10 說蕃薯

1. 立 夏 小 滿 ， 盆 滿 缽 滿 。
   lib⁵ ha⁵⁵ seu³¹ man²⁴ pun¹¹ man²⁴ bag² man²⁴

2. 小 滿 蛄 ， 喪 蕃 薯 。
   seu³¹ man²⁴ gu²⁴ song³¹ fan²⁴ su¹¹

3. 肚 肌 毋 怕 蕃 薯 皮 ，
   du³¹ gi²⁴ m¹¹ pa⁵⁵ fan²⁴ su¹¹ pi¹¹

   火 烈 毋 怕 生 蘆 枝 。
   fo³¹ lad² m¹¹ pa⁵⁵ sang²⁴ lu¹¹ gi²⁴

　　時序進入小滿，夏天到了。老人家常說：「立夏小滿，盆滿缽滿。」說的是：進入夏天的一個月左右，通常雨水很充足，所有水塘窪地，都充滿積水。

　　此時，天候也和暖起來。因此，園圃裡栽植的蕃薯，伸嫩藤、長新葉了。各種昆蟲開始滋生，有一種最喜愛蕃薯藤嫩葉的叫做小滿蛄，園圃裡的蕃薯藤嫩葉，都被牠囓得

百孔千瘡。難怪，農家要感嘆：「小滿蛄，喪蕃薯。」

說到蕃薯，對現今五、六十歲以上，住在山區的客家人來說，它是一種令人又愛又恨的東西。在物資缺乏的那個年代，吃不起白米或寅吃卯糧的農家，只能吃蕃薯飯或以曬乾的蕃薯籤當米充飢。這裡有一則新、舊長年有趣的對話，大家可由此看出那段日子、那些人的苦澀。

有一農家來了新長年，問舊長年說：「路行得無(這家的三餐吃食如何)?」

舊長年：「大石露峭。」（米飯少卻混一大堆蕃薯圈。）

新長年：「該仰毋離婚改嫁。」（那怎不換雇主呢？）

舊長年：「孝服未滿！」（借支尚未償清！）

新長年：「毋會搖船駕槳？」（不會把蕃薯圈掰開？）

舊長年：「奈何鰗鰍彪竄！」（奈何主婦改成刷蕃薯籤！）

小時生長農家，三餐吃食以蕃薯為主，其中只有蕃薯圈和蕃薯籤的不同，要等到舅舅來，才有一頓白米飯吃。現在想來，膝蓋都要流淚。

還記起小時候，曾唱一首有趣的兒歌：「細阿妹，摘豬菜，摘到大見背。狗母看到狗牯愛。」歌詞中的豬菜，就是蕃薯（地瓜）葉，曾幾何時？因為大家了解了蕃薯的營養價值，時至今日，蕃薯葉成為家家餐桌上的珍饈！

聽過嗎？「肚飢毋怕蕃薯皮，火烈毋怕生蘆枝」這句話。過去被鄙棄的蕃薯皮，因含豐富的黏液蛋白等多醣類物質，能降低血液中的膽固醇、保持血管的彈性，預防血管硬化及高血壓等心血管疾病，其身價也水漲船高，有常識的人，吃蕃薯時都連皮帶肉一起吃。蕃薯纖維含量高，用以取代三餐

的白米飯，其高纖、低熱量優點，對於減肥、血糖及血壓的控制都有良好的幫助。

「時到時當，無米正煮蕃薯湯。」抱持逆來順受之人生態度的客家人，看來是有福的，因為，過去的困窘貧乏，和蕃薯結了不解之緣，卻歪打正著，因為，經常食用，人人避之猶恐不及的，廉價高值的食物─「蕃薯飯」、「蕃薯粥」成了習慣啊！

11 月桃花開時節

回想童年，每當媽媽上街回來，手上提著用月桃葉子包裹的豆腐，知道中午又要加菜了，那種饞涎欲滴的情景，彷彿如昨。

月桃的葉片大而光滑，在還沒有塑膠袋的年頭，不但可以包裹很多商品，許多婦女還把它採下洗淨，包裹「粄粽」(客家人一種獨特的粽子)、蒸「菜包」(客家人特有的一種糕粄) 時的襯墊。那種吃粄粽、菜包時，撲鼻的月桃葉子香，還深烙腦際。

月桃花謝了以後，會結成拇指頭般大小，圓圓的果實，當它成熟時就由綠轉紅，現在有許多愛花人士，拿它來當花材，非常美觀。果實裡面，一粒粒米粒大的藍黑或灰黑色種子，聽說含有一種芳香的健胃劑，可以壓碎、加工製成可口的強胃散和口味兒。

月桃的葉鞘很長，包裹在莖上。記得小時候，老祖母常常使喚我們，到山野中採月桃，自月桃的根部砍下，除去葉子，拿回大

稻埕上，用木槌搥爛，在日光下曬乾，再去掉其中心部分的骨梗，然後整理成一捆一捆的，挑到街市上去賣，我們小孩也因此獲得一些糖果、零食的賞賜。因為它質地非常堅韌，人們都拿它來當繩索用。

月桃，苗栗一帶的客家人，叫它「苟薑」。現在站在苟薑花旁，除了想到它具有多種用途的君子美德外，我還想起流行在客家庄的一句「老古言語」(諺語)。「**勢窟頭搋苟薑，鶴佬母咩滿庄。**」

勢窟，屁股；勢窟頭，指腰際。搋苟薑的搋是綁、繫的意思。客家人稱情婦叫「鶴佬母」，咩滿庄，卻滿村庄。

說到「搋苟薑」，是年代久遠的往事。大約民國初年以前出生的人，才穿過大褲頭、寬腳褲的褲子。穿這種褲子，通常都要將褲頭斜折一下，再繫上腰帶。古時候的腰帶，都用布料縫製而成。但有一些窮苦的人家，連一條腰帶也縫製不起，只好用「苟薑」的葉鞘，權充腰帶，繫在腰際的。

這句諺語是說：你可別小看人家！雖然他用苟薑充作腰帶繫在腰間，一副窮酸相；可是他卻有滿村庄的情婦呢！

你知道嗎？「苟薑」除了葉、葉鞘、果實、種子有用外，「搋苟薑」還具有警惕世人的作用啊！

12

中元普渡

1. **毋 驚 七 月 半 介 鬼** ，
m^{11} giang^{24} cid^2 ngied^5 ban^{55} ge^{55} gui^{31}

盡 驚 七 月 半 介 水 。
cin^{55} giang^{24} cid^2 ngied^5 ban^{55} ge^{55} sui^{31}

　　雖然國人聲稱三大民俗節日是春節、端午、秋節，但年小時候，一直以為中元是一年當中，豐沛僅次於過年的節日。

　　直到今日，隨著時代的變異，客家人對節慶的民俗活動，觀念稍有變動、比較簡略。可是，每年一到中元這天，我便會懷想起兒時，家鄉慶讚中元的盛大景況：村庄義民廟前豎燈篙、放水燈……公演平安戲；鄰里間，家家戶戶齊聚伯公廟前，公祭土地伯公，然後祭品翻轉來，普渡好兄弟的盛大的情形；最後，每一家庭所謂的敬門口（又稱敬好兄弟），稱作「私普」的虔誠慎重光景。

　　家家戶戶，大約下午四、五點的時候，在家門口擺好香案，案前置一盆潔淨的臉盆水，盆邊放一新買的毛巾，以招待好兄弟洗臉、洗手。香案前端，必備鏡子、梳子、胭

脂水粉……供好兄弟梳妝打扮。祭品中，除了清茶、三牲酒醴之外，還有家鄉當季的蔬果，如龍眼、甘蔗、水梨……等，各類糕粄(鄉俗多綁粽子)、罐頭、汽水、麵條、冬粉、糖果、麻荖、仙貝……還有裝著米的米缸、盛滿飯附上紅紙剪成飯匙狀飯匙的飯盆、新煮好的菜湯……應有盡有。全家在香案前誠心燒香祭拜，隨即焚燒孤衣，以供好兄弟換裝。還在每類祭品上插香，不可遺漏。家門前，通聯別人家的小路旁，每隔三、五尺處也要插香，以引導好兄弟前來享用。祭拜的時間要長，香燒過一枝要馬上補充(通常在香未全燃完時就補上，表示慎重其事)。這樣，一兩小時過去再燒紙錢，完成祭拜的儀式。

那年代，不管你家多清貧，就是窮到平常都吃不飽的境域，可是一到中元，必得設法鋪張一番。這是什麼道理？大概是客家人「厚以待人(鬼)，薄以待己」胸懷的體現吧！

13

芒種火燒山

1. 芒 種 火 燒 山 ， 大 雨 十 八 番 。
   mong^{11}zung^{31} fo^{31} seu^{24} san^{24}　　tai^{55}　i^{31}　siib^{5} bad^{2} fan^{24}

2. 驚 蟄 毋 凍 ， 冷 到 芒 種 。
   giang^{24}ciid^{5} m^{11} dung^{55}　　lang^{24} do^{55} mong^{11}zung^{31}

　　芒種，約當國曆六月六日或七日、端午節。太陽過黃經七十五度、稻穀成穗是為「芒種」。有芒作物開始成熟、此時亦是秋季作物播種的最適當時期。黃河流域的稻麥此時皆已吐穗結實、長出細芒，所以叫做「芒種」。農曆四月底正當雨季入梅、雨水特別旺盛、五月又是梅雨季、沒有一處乾燥泥土，到六月天氣一放晴正值盛暑熱得不得了。

　　上面是網路有關「芒種」的記載。有關「芒種」，客家人有兩句農諺；「芒種火燒山，大雨十八番」、「芒種雨漣漣，夏至曬白田」。意思是說：芒種前後，如果大地乾枯一片，那芒種後天氣會連番風雨。相反，芒種那天，如果雨下不止，那到了夏至，大地將一片乾旱，甚至都曬白了田呢？

　　至於何年「大雨十八番」？何年「夏至曬白田」？已不復記憶，三十幾年前，六月

六日那天，小姨子舉家移居美國，我們約好
到桃園機場送行，送行行伍浩大，有岳父
母，及九個兄姊弟妹夫婦，除小弟未婚只一
人獨往外，其餘全員答應按時到場；豈料出
發當天一早下起大雨，我開了一台 × 牌速
利老爺車，高速路上大雨傾盆如倒，眼看時
間一分一秒逝去，就要遲到了，心急如焚，
雨刷急速來回，還無法看清前路，車子疾馳
不得。終於到了機場，停好車，箭步趕到出
入境通關所在，早已渺無行人、送行人的蹤
影。失禮已經造成，煩惱又有何用？

　　那時，還不知客家社會有「芒種雨漣
漣，夏至曬白田。」這句諺語的含意。不
知那年是否真有夏旱發生？。芒種那天的大
雨卻深植我心。三十多年前的農家，希望風
調雨順吧！「芒種火燒山，大雨十八番」、
「芒種雨漣漣，夏至曬白田」都是災難
啊！

14

芒種桃，隔夜無

1. 芒 種 桃 ， 隔 夜 無 。
mong^{11}zung^{31} to^{11}　　gag^2 ia^{55} mo^{11}

2. 芒 種 雨 漣 漣 ， 夏 至 曬 白 田 。
mong^{11}zung^{31} i^{31} lien^{11} lien^{11}　　ha^{55} zii^{55} sai^{55} pag^5 tien^{11}

　　芒種是二十四節氣之一，今年 (民國102年) 的芒種在端午前一禮拜，國曆六月五日。芒種的意思是說此時可以種有芒的穀物。中國幅員廣大，這裡所說可種有芒的穀物大概指黃河流域一帶，台灣地處亞熱帶，理應有個別差異。

　　那年代，一個食指浩繁的佃農家庭，靠六、七分地的薄田收入，必定要忍受寅吃卯糧的困窘。時值二次世界大戰後，接著國共內戰，民生凋敝，由於內外環境交相煎迫，怎樣讓這個家脫離貧窮的境域，是我們全家奮鬥的目標。因此，只要一有掙錢機會，父母一定全力爭取。「芒種火燒山，大雨十八番。」的那年，父母貿得鄰居天奉伯一塊桃園的採收運送工程。

　　下雨天採收桃子最辛苦，民國五十年代

我們沒雨衣可穿，因為我們買不起雨衣；頂多在雜貨店剪一段塑膠布（我們稱油布），圍裹在身上遮雨。圍塑膠布走路還馬馬虎虎，採桃子需在桃樹下俯仰，三兩下便淋得一身濕，真不知何者是汗？何者是雨？傍晚還得將採得的桃子，大大小小肩挑手提，成群分批運送下山。

有句話說：「芒種火燒山，大雨十八番。」說的是芒種那天如果天晴、高溫炎熱，那麼芒種後，將連天風雨。那年（民國五十年代），正值芒種前，天氣炎熱火傘高漲，之後真正雨下不停歇。

這時，全家大小都有得忙了。首先，爸爸要檢修舊的果子籠，有三擔修理後堪用的，重新再編織兩擔新的，這要花費爸爸業餘或犧牲睡眠十天左右的時間。接著選定施工的吉日，前兩、三天，爸爸媽媽必須到桃園勘查動線，劈除雜草，理出一條工作進行的路來。然後，決定採收桃子的日期，通常都會選擇星期日進行，好讓一家大小都能參與，以節省請外人的花費。一旦選定了採收日期是風雨無阻的，因為俗話說：「芒種桃，隔夜無。」桃子到芒種前必定成熟，非採收不可，否則今天看去滿園的桃子，一夜間第二天桃子掉滿樹下，留在樹上的摘下一看，幾乎顆顆長蟲腐壞了。因為時節到了芒種，是一年中最熱的天候了，是蟲虫蚊蚋孳生的季節，桃子一成熟，蟲必生其內。

晚餐，飯桌上比平常多一兩道肉和時蔬，大家靜靜的吃得津津有味。辛勤了一整天，這時「始知盤中飧，粒粒皆辛苦」。

15

行路愛人牽

1. 芒 種 夏 至 邊 ， 行 路 愛 人 牽 。
mong¹¹zung³¹ ha⁵⁵ zii⁵⁵ bien²⁴　　hang¹¹ lu⁵⁵ oi⁵⁵ ngin¹¹ kien²⁴

2. 芒 種 夏 至 ， 有 食 懶 去 。
mong¹¹zung³¹ ha⁵⁵ zii⁵⁵　　iu²⁴ siid⁵ nan²⁴ hi⁵⁵

3. 芒 種 落 雨 ， 五 月 無 燥 地 。
mong¹¹zung³¹log⁵ i³¹　　ng¹¹ ngied⁵ mo¹¹ zau²⁴ ti⁵⁵

　　客家話有句說：「芒種夏至邊，行路愛人牽。」

　　這句話的意思是：芒種、夏至屬二十四節氣之一，芒種約當國曆六月六日前後，半個月後為夏至。農耕的歲月，這時正是早稻收成、晚稻植栽時期，農家忙翻了天，農夫累不可支，所以「芒種夏至，行路愛人牽」，還有一句話「芒種夏至，有食懶去」，說的是同一道理。

　　我青少年時代，是在農村成長的，這些話，我以親身經驗證明話說得半點不假。早稻收成前，農家便開始忙碌起來。

　　收割前，經過半年以上沒有使用的曬穀

場，要剷草、要補土舂實、要撿拾牛糞，用糞土來粉刷，等待新穀登場。新登場的穀子，白天要日曬，下雨或晚上，要遮蔽雨露，當時時興一種塑膠雨篷的。在物資貧乏、民生疾苦的年代，一般人家是買不起昂貴的塑膠雨篷的。因此一般人家都自食其力，拿稻草編織「稈坪（piang²⁴）」起來，還有需用的林林總總農具必須檢修。

收割時，通常八、九家一組，叫做「一桶斛」，四割四打一出穀，就是四人割稻四人脫穀，一人跟在斛後，用插箕把穀粒裝盛在籮筐中，以便「挑穀擔者」挑到曬穀場。這時負責曬穀的人，用穀篩篩去稈絮，晾穀於場上曝日，到穀子完全乾燥為止，期間白天每隔二十分鐘左右，以「蕩兒」將穀翻面，俗稱「蕩穀」，此之謂也；傍晚或雨將至要「收穀」，將穀耙成堆，覆以「稈坪」，以防雨露。因為晚稻要隨即「做田」插秧，山田水資源又不足，收割前一兩天才斷水源。收割起來，每個農夫都大汗淋漓、全身濕透，分不出汗水、還是田水，這種況味，

只有當局者方知。更甚者，挑穀子的人，籮筐中的稻穀含水量高，一擔穀約一百四五十斤，力小者莫為。這辛苦的工作，一天完峻還好，可是每人重複的事要做十來天，一群組人都收割完畢，才算完成。這時農家人說：「行路愛人牽」，實不為過！

收割完畢，馬上又要準備晚稻的植栽。犁田、耙田、踏割耙、打碌碡，又有十天、半月，日日與牛為伍的時光。期間稻草（俗稱「禾稈」）的或收堆成稻草堆或剪短放回田中做肥料，田崁雜草的伐除，在在需要勞力。事煩如此，又有時間的壓力，只好夜以繼日的去達成目標，難怪「芒種夏至邊，行路愛人牽」了。

16

夏至西風吹過夜

1. 夏 至 西 風 吹 過 夜 ， 大 水 過 河 壩 。
ha^{55} zii^{55} si^{24} fung^{24} cui^{24} go^{55} ia^{55} tai^{55} sui^{31} go^{55} ho^{11} ba^{55}

2. 夏 至 見 晴 天 ， 有 雨 在 秋 邊 。
ha^{55} zii^{55} gien^{55} cin^{11} tien^{24} iu^{24} i^{31} cai^{55} ciu^{24} bien^{24}

3. 夏 至 五 月 頭 ， 窮 人 毋 使 愁 。
ha^{55} zii^{55} ng^{11} ngied^{5} teu^{11} kiung^{24} ngin^{11} m^{11} sii^{31} seu^{11}

　　天氣漸漸燠熱，夏至到了。有一句客家諺語：「夏至西風吹過夜，大水過河壩。」意思是說：夏至這天，不起西風則風調雨順，如果當夜整夜西風，則洪水將至。

　　民國五十年代，我還是小學生，不知諺語準不準，只知有一年颱風特別多；什麼葛樂禮、伏勞西、艾爾西……接踵而至。也不知哪一個颱風，帶來強風和豪雨，我們家鄉，大雨傾盆，不停的連倒兩天，柴門屋頂，本來小雨，就要小漏的。今遭颱風颳走部份蓋房頂的茅草，怎叫它不漏呢？

　　「屋漏偏逢連夜雨」，真是的！媽媽口中唸唸有詞：「屋外落大雨，屋肚落細雨（屋子外下大雨，屋子裡下小雨）。」這時家裡凡

是可以派上用場的鍋碗瓢盆，不論新舊，都拿來接水，滿了就拿去倒掉。

半夜，屋後的泥土承受不了大雨的侵蝕，土方開始鬆軟，崩塌下來，堵住了「屋背壢」（屋後供水流的地方）。雨水灌進屋裡，我們兄弟姊妹三、四人，在媽的帶領下，用碗在地面低窪處、積水的地方，死命的舀除積水，倒出屋外。爸爸忙進忙出，摸黑到竹林裡，砍幾根竹子，爬上屋頂，在屋頂受風處，將蓋房頂的茅草紮緊補強，防止下一陣強風吹襲颳去。黑夜漫漫，等不及天亮。

原來，「夏至西風吹過夜，大水過河壩。」是這麼一回事、是那麼可怕！這年注定要減產的！經歷這次，我們兄弟姊妹深知：盤中飧，粒粒辛苦。

17 小暑小割，大暑大割

1. 小 暑 小 割 ， 大 暑 大 割 。
seu³¹ cu³¹ seu³¹ god² 　　tai⁵⁵ cu³¹ tai⁵⁵ god²

小暑大暑，都是二十四節氣之一，小暑固定在每年的七月七日或八日，半個月後就是大暑。今年的小暑適逢七月七日，是七七抗戰六十二週年的紀念日。

從前農業社會，耕種維生的農家，十分重視歲時節令。因此，客家農村普遍流傳著許多有關小暑、大暑的農諺。諸如：「小暑小割，大暑大割」、「小暑小黃，大暑田光」、「小暑大暑，有米懶煮」……都是先民於農事勞動中積累的寶貴經驗。

「小暑小割，大暑大割」的意思是：小暑的節令一到，農村開始局部的割稻，到了大暑，村子的稻子都熟透，全部可以收割了。至於「小暑小黃，大暑田光」的說法也很近似，小暑村子裡才小部分的稻子黃熟，大暑一到，整個村庄的稻田都收割一光。

「小暑大暑，有米懶煮」，是說：小暑、大暑天，縱使有米也懶得煮。

奇怪，為什麼「小暑大暑，有米懶煮」

大家都知道台灣北部的稻作，一年兩熟。

　　早季小暑收割，晚季有些農家要趕在大暑蒔田。短短半個月的時間，要割完稻子、曬穀、作圳引水、犁田、挑糞落田、耙田整地、打碌碡……，鄉間的梯田還要挖田角、剷田塍、做田崁……然後插秧，真是忙得不可開交。難怪客家庄，還普遍流傳著另外一句俗諺：「六月天公，家神牌都會停動（停動，偏義複詞，動的意思）。」就是說，農曆六月農忙時期，連神桌上的祖先都想跳下供桌來幫忙，為子孫分憂解勞呢！

　　在這樣的大暑天，家家戶戶，日未出而作，日入而未息，大家都舌敝脣焦、疲困難當、食慾全失，當然「有米懶煮」了。

　　現在農村機械化了，從蒔田到收割，再由烘培到稻穀進穀倉，統統有機器代勞。農忙時期，那種忙亂不堪的農村光景已經不再，「小暑大暑，有米懶煮」的諺語，也成了過去農村的歷史紀錄了。

18

戀戀英國花

1. 英　國　花　英　國　花　，
   in[24]　gued[2]　fa[24]　in[24]　gued[2]　fa[24]

   生　在　田　邊　水　之　涯　，
   sen[24]　cai[55]　tien[11]　bien[24]　sui[31]　zii[24]　nga[11]

   潔　白　花　香　人　人　誇　。
   gied[2]　pad[5]　fa[24]　hiong[24]　ngin[11]　ngin[11]　kua[24]

　　值此盛夏溽暑，大地有如火燃。小孩精力旺盛，常趁大人們午睡之際，偷溜出去，到山巔水湄，找尋樂事。那時節，我們都知道：那種白色，一束束狀似蝴蝶的英國花（其音如此），清香無比。我們家鄉稱英國花的，也有人稱它野薑花。因為它的塊根酷似薑母，葉子也像生薑。

　　提起這種植物，五十年前，我們多採來插在玻璃瓶中，置於神桌上，以其清香供佛。代遠年湮，我只記得：我們嫌白花綠葉太素，用藍墨水滴幾滴花瓶中，插花其中，花脈上隨即吸收藍色素，成藍色；另一瓶則滴些紅墨水（或用一種色素「大紅」），形成花色紅藍相間，滿室清香。

近年來，客鄉新竹的橫山內灣地區，為了發展觀光產業，興起「客家粽」。內灣地區的客家婦女，用她們的巧手，將挖回家的野薑花的塊根，洗淨、曬乾，再磨細成粉。綁粽子時攪拌在米中；又以野薑花葉為粽葉，裹好炊熟即成。在發展觀光的今日，每到週末，內灣地區遊人如織。內灣地區的「客家粽」，無疑是成功的。

小時候，曾吃過媽媽摃介客家粄粽。是用月桃花葉當粽葉包成的，在鍋裡蒸的時候，遠遠就聞到那月桃花葉的芬芳。我想：如果推展用月桃葉摃粄粽，也是不錯的構想。

總之，英國花也好，野薑花也罷，它都充滿著濃濃的鄉野情懷。

19

一行白鷺上青天

1. 小 暑 禾 黃 ， 大 暑 田 光 。
seu³¹ cu³¹ vo¹¹ vong¹¹ tai⁵⁵ cu³¹ tien¹¹ gong²⁴

　　家鄉苗栗大湖，現今到處草莓園，靠草莓的收入，不但養活兩三萬人，而且使全鄉富裕起來。但是我還深深懷念，貧困的四、五十年代。水田處處、蛙聲蟈蟈，有許多白鶴在田野裡覓食、騎在牛背上悠閒。那是夏天，早、晚行走在田間，我愛看：剛插秧田的井然有序；更愛看：低垂的稻子，稻浪翻風的景象。

　　夏天，正是早稻收成、晚稻插秧的時節。我們村中流行一句老古人言：「小暑禾黃，大暑田光。」意思是：每到了小暑，

早稻有一小部份黃熟了，半個月後的大暑，所有的稻子不但收割完成，稻田還有準備好晚稻插秧，一片水田漠漠的景象。

　　這時節的傍晚，你若置身其間，偶一抬頭，忽見「一行白鷺上青天」，你不必訝異，聽說鄰鄉的公館，有叫「鶴兒(仔)崗」的地方，每到傍晚鳥兒歸巢的時候，數以千計的白鶴(白鷺鷥)成群成對的盤踞整個山頭，故名「鶴仔崗」，好有詩意的名字。

　　此刻，也是蟲聲競奏、蛙聲嘓嘓時候。

水田裡的青蛙，在青蛙洞口，「夜裡沒事唱唱歌」起來，好好聽的一首田園交響曲。

　　「好花不常開，好景不常在」，近年由於農地休耕、轉作，農藥大量使用，從前水田漠漠、白鶴點點的景象，已不復見。夏天，從早到晚蟲聲競奏、蛙聲嘓嘓的情境也不復聞，為什麼？我輩宜徹底深思！

20

無米的歲月

1. 牛 食 禾 桿 ， 鴨 食 穀 ， 各 人 介 命 。
   ngiu[11] siid[5] vo[11] gon[31]   ab[2] siid[5] gud[2]   gog[2] ngin[11] ge[55] miang[55]

2. 人 食 蕃 薯 ， 豬 食 奶 ， 各 人 介 命 。
   ngin[11] siid[5] fan[24] su[11]   zu[24] siid[5] nen[55]   gog[2] ngin[11] ge[55] miang[55]

有句客家老古人言：「小暑大暑，有米懶煮。」意思是：小暑大暑時候農田的早稻要收成、立即晚稻要插秧，農夫忙得不可開交，忙累了，縱然有米，也懶得煮食了！話中告訴我們，小暑大暑時候，是青黃不接的時節，從去年的秋收算起，到今早稻的收成為止，已過八個月的時間，這時大戶農家，所剩存糧已少之又少，何況一般耕地面積少的貧農？早應有「寅吃卯糧」的打算。

客家族群天性樂觀，有說：「時到時當，無米煮蕃薯湯。」那年代，我們晚餐都吃鹽巴拌稀飯，早午兩餐都吃地瓜飯。那時年歲小，好羨慕竹雞的社會，因為傍晚時分，在我家曬穀場高處，遠遠望去，有一群歸巢的竹雞，從人行的路邊走過時，不斷的啼叫：「鴣各乖！鴣各乖！無米正來挍（鴣各乖！

鵲各乖！沒米再來我家挑！）。」

虛擬的世界，總歸是虛擬，無米的現實就在眼前須待解決！

民國三十至五十年代，政府遷台初期，台灣百廢待舉，倖有美國援助，凡我貧農，都配給奶粉、麵粉……晚餐，鍋中燒熱水，將揉好的麵團掰成小塊，煮成麵疙搭以餬口。有意思的是：廢物利用，婦女將麵粉袋視為寶物，用其巧手縫製成一件件孩童穿的短褲。好笑的是：孩子穿上，屁股成了「中美合作」的產物。至於那些配給的奶粉，因為國人的生活習慣所致，尤其鄉下人家沒喝牛奶的，總認為：奶粉有一股腥味，灑在豬食內餵豬，這倒並不可惜，因為豬長得快又肥，可以賣錢。

客家諺語謂人各有命，說：「牛食禾稈鴨食穀，各人介命。」，牛跟隨農夫耕田種地，一生辛苦，稻穀收成時，農人卻餵以稻草；稻苗幼小需要照顧，鴨群在水田中覓食，傷害稻子成長，收割時卻餵其飽食穀物，各有其命。不知客家社會流傳「人食蕃薯豬食奶，各人介命」嗎？

21

蒔大暑

1. 小 暑 大 暑 ， 有 食 懶 煮 。
   seu^{31} cu^{31} tai^{55} cu^{31} iu^{24} siid^{5} nan^{24} zu^{31}

客家俗諺：「小暑小黃，大暑田光。」又說：「小暑小割，大暑大割。」意思是：台灣北部時屆小暑時節，部份人家的稻子、黃了要收割了，半個月後的大暑，所有稻禾都已收割精光。此外，民國五、六十年代，我們家鄉還有「蒔大暑」的習俗。

「蒔大暑」是指大暑節氣當天插秧的意思，「蒔大暑」也是一種榮譽的象徵。一個農家要在十天、半月的時間內，從早稻的收割，到為晚稻插秧，林林種種繁複的工作，要一一完成，著實不易，所以獲得殊榮，實在實至名歸。

插秧那天，要一人駛牛橫田、控制田水……在先，「挍秧婦女」隨其後，到了「秧地」，一「秧劀」一「秧劀」的劀起秧苗，堆疊在「秧兒畚箕」中，挑放在師傅需要秧苗的田塍，供「蒔田師傅」取用。

一、二十分鐘後，「蒔田師傅」上場了；他們一行三、五人，都頭戴斗笠、穿著短褲，手持「秧盆」，口袋帶著「蒔田笐兒」，從主人家慢步出來，在路邊隨手摘一片樹葉，

含在嘴裡，哼著「牧童短歌」，走到田邊，準備第二季的「蒔田」。

「蒔田師傅」將田塍的秧苗連畚箕落在秧盆中，看他們熟練的將一餅秧苗，置於掌中，秧盆往後滑行。弓下腰，從田頭開始，由右至左橫插五株，間隔 20 公分左右；插完第二、四株，右、左腳自然向後挪動一個行距。就這樣，「上坵水 zo^{11}zo^{11}，下坵水 zo^{11}zo^{11}，一日毋知蒔幾多頭禾（水田的水聲 zo^{11}zo^{11}，不知一天插幾株禾）？」上、下午工作約莫兩小時，主婦會準備點心，挑到田塍給工作人員加油打氣。因為是大暑天，點心是消暑聖品，米篩目、煉粄、煉粽、綠豆湯……等。到了傍晚，師傅腰桿都直不起來，苦向誰人訴？出門時唱「牧童短歌」，狀至悠閒，實則苦中作樂啊！所以說：「**小暑大暑，有食懶煮。**」是可理解的。

辛苦的一天過去，到收工時候。晚餐主人家準備一頓好吃的飯菜，以慰勞參與「蒔田」工作的所有人員，叫做「做喜工」（做起工）。大家默禱上蒼保佑，風調雨順、國泰民安。收成時，再做一次喜工。

22

蒔田蒔到處暑過，贏過同人核雜貨

1. 蒔　田　蒔　到　處　暑　過　，
sii⁵⁵　tien¹¹　sii⁵⁵　do⁵⁵　cu⁵⁵　cu⁵⁵　go⁵⁵

贏　過　同　人　核　雜　貨　。
iang¹¹　go⁵⁵　tung¹¹　ngin¹¹　kai²⁴　cab⁵　fo⁵⁵

2. 處　暑　定　犁　耙　，　再　等　總　較　差　。
cu⁵⁵　cu⁵⁵　tin⁵⁵　lai¹¹　pa¹¹　　zai⁵⁵　den³¹　zung³¹　ka⁵⁵　ca²⁴

有一句客家農諺說：「蒔田蒔到處暑過，贏過同人核雜貨。」意思是：插秧插到處暑（處暑是二十四節氣之一，相當於農曆七月中旬，及國曆每年的八月二十三、四日）前後，總比替人家搬運雜貨來得好。

台灣中、北部，稻作一年兩熟。第二季（客話說「翻槓兒」）比較標準的氣候是：秋（立秋）前十日及秋後十日之間插秧。「翻槓兒」的稻子經過一百一十天左右才黃熟，因此，立秋插秧，要到小雪才能收割。

但是台灣中北部的客家居民，大都僻居山區，耕作的都是山間的「看天田」。如果遇到風不調、雨不順，所謂農民最驚恐的「旱六月」，那麼只有苦苦等待，若是等到

貳・夏

84

處暑，才有雨水做田插秧，再經過稻作的生長期一百多天，那就要到大雪、冬至方才收割了。大家都知道：大雪、冬至之前天候已然寒涼。日照也短了許多，收成不好是意料中的事。然而，比起幫人家作零工、擔雜貨，還是強得多。

說起擔雜貨，我有非常豐富的經驗。小時候，家住山上，日用三餐，吃的米要從家裏擔自家生產的穀子，到鎮上的精米所，再將精白的米，自精米所挑回家；其他油、鹽、醬、醋、茶，還有夜裡點燈的煤油、年節應景的雜貨等日用必需品，哪一項不是要自街上的雜貨店，肩挑、手提的搬回家。

山上人家所生產的桃、梅、李、果……等等山產，也一定要搬運至街上去，才能賣錢。數量多了，自家搬運不了，便會雇工幫忙。為了貼補家用，孩提時起，我便幫人運木材、挑桂竹、擔香茅草、搬運生薑、柑桔、桃李……無數。民國六十年代，鄉下人家漸漸有錢了。村子裡有人想造新居，也得從街上搬運砂石、磚瓦，以及許許多多雜七雜八的建材。在那搬運的行列中，也不難發現我瘦弱的身影。

這些搬運的工資，多是論斤計兩的，十分微薄。以現今的標準衡量，簡直是壓榨窮人勞力，是任誰也不幹的。所以說：「蒔田蒔到處暑過」，雖然注定要減產，但總比替人家搬運雜貨來得好。你以為從前替人家搬運雜貨的先民那麼傻嗎？

不！不！不得已罷了！

23

老糖廠

1. 掌　牛　哥　兒　面　黃　黃　，
zong³¹ ngiu¹¹ go²⁴　e³¹　mien⁵⁵ vong¹¹ vong¹¹

三　餐　食　飯　愛　撈　糖　。
sam²⁴ con²⁴ siid⁵ fan⁵⁵ oi⁵⁵ lo²⁴ tong¹¹

掌牛哥兒面黃黃，三餐食飯愛撈糖。
若爸母是開糖店；若姆母是繡花娘！

聽到這首兒歌，想到夏天林立街頭的冰店，那一大碗一大碗的「刷冰」（客家話的「剉冰」），澆淋上一大匙一大匙的黑糖膏，一種清涼帶勁、沁人心脾的感覺便油然而生。

兒歌四句分兩段敘說，前兩句說一個牧童，三餐喜愛以糖拌飯；可是，生活的現實，糖很貴，爸爸又沒賣糖，媽媽也不是挑花刺繡的千金。

說起糖，家鄉苗栗大湖，物產富饒。日治時代還是糖的故鄉。1930、1940 年代，二戰終戰前夕，日本需要經濟作物……蔗糖孔亟，不但在蔗蔀設立舊式的製糖工業，並大費周章開築輕便車路，將大南勢、南湖、南湖坑、武榮、大、小邦、壢底寮、四份、八份、新開庄等處蔗蔀連繫起來，在竹篙屋、南湖之間設立日本駐大湖製糖株式會社，以機械化製糖，產值不低。二戰終戰，

日本戰敗投降，將製糖株式會社的高效能製糖機器隨員撤退運回，家鄉又回復蔗節的土法製糖。

製糖用的甘蔗，成林後，枯葉可以結成草結生火煮飯，收成時，每株的嫩芯，可以餵牛。我還依稀記得，甘蔗成熟時，蔗園還是我們小孩玩捉迷藏的好所在。

現在開車路過，老糖廠的原貌已不復見。民眾的集合住宅和雜貨店充滿其間。殊不知此地原來是大湖的經濟命脈——老糖廠之所在。

24 牧童的短笛

1. 掌 牛 哥 兒 面 青 青 ，
zong³¹ ngiu¹¹ go²⁴ e³¹ mien⁵⁵ciang²⁴ciang²⁴

跌 落 深 潭 敬 噴 聲 。
died² log⁵ ciim²⁴ tam¹¹ gin⁵⁵ gung⁵⁵sang²⁴

到淡水辦完事，已黃昏了。在捷運月台上，西望，西邊海上，一抹斜陽。知名的淡水暮色，應該從這抹斜陽開始的吧。

說起斜陽，不難令人想到「沙漠駝鈴」來，五、六年前，筆者有緣跟團，來一趟「絲路」之旅，夫婦同遊新疆「天池」、甘肅「祁連山」，「蘭州」、「天水」、「西安」……等地。第二天傍晚，到敦煌郊外的鳴沙山，親眼目睹了夢寐以求的「沙漠駝鈴」。忽然哼起：

「哪裡來的駱駝客呀！沙裡洪巴嘿喲嘿！沙巴來的駱駝客呀！沙裡洪巴……」小時候家貧，二十幾歲都沒上過台北，「淡水落日」是從書本看來的，「沙漠駝鈴」也是，小時只有「牧童的短笛」才有鮮明的圖像。

盛夏之後，田裡的農事告一段落，家家的耕牛，得以休養生息，這時，我們小孩可樂了，一早，被分派到住家附近的草地上牧牛。我們得以揉一個飯糰，實以蘿蔔乾、菜心、鹹冬瓜……等作為中餐，天黑才回家。

我常和鄰家的福哥和阿興約好，第二天在茄冬樹下集合，把牛栓好，我們又開始打鬧。吃過飯糰，在小湖邊泅水。日頭西下，我們各自牽自家的牛，騎在牛背上回家。在回到家之前，還有一項重頭戲，那便是在三岔路口的大石頭下的水窟中給牛喝水然後洗澡（搵浴），差不多要花三、四十分鐘，在暮色蒼茫回到家。現在依然好羨慕畫圖中，那枝牧童的短笛！

參

秋

立秋，煎鰍

1. 立　秋　煎　秋　。
   lib² ciu²⁴ zien²⁴ ciu²⁴

2. 六　月　天　公　，　家　神　牌　就　會　定　動　。
   liug² ngied⁵ tien²⁴ gung²⁴　ga²⁴ siin¹¹ pai¹¹ cu⁵⁵ voi⁵⁵ tin²⁴ tung²⁴

3. 立　秋　處　暑　，　憑　壁　著　褲　。
   lib² ciu²⁴ cu⁵⁵ cu⁵⁵　ben⁵⁵ biag² zog² fu⁵⁵

4. 立　秋　處　暑　，　屙　屎　懶　脫　褲　。
   lib² ciu²⁴ cu⁵⁵ cu⁵⁵　o²⁴ sii³¹ nan²⁴ tog² fu⁵⁵

八月八日「八八節」到了，「八八節」一到，使我意識到秋天就要來了，因為每年立秋都落在父親節八月八日後一天。

老一輩的客家人常說：「立秋，煎鰍。」我對這句話，有很深刻的體驗。

每年暑假是農家最忙碌的時刻，你沒聽說：「六月天公，家神牌就會定動。」(六月天，農家忙碌不堪，連祖先都想從神牌上跳下來幫忙) 台灣農業最興盛的時代，我正在初、高中讀書。暑假前，我們這些窮苦的農家子

弟，沒能參加救國團舉辦的夏令營，常會相互調侃說：「我們暑假將報名農村戰鬥夏令營。」

那時北台灣的農村，暑假正值早稻收成、晚稻播種時期，農家人力需求孔亟。我們這群在學青年，平時練就一身武藝，正好派上用場。雖然我們都還在學，但從割稻、犁田、播種、插秧、施肥、除草……哪一項難得倒我們？

就舉除草來說吧！北台灣的晚稻，多在立秋前後。要挲草，還要複草(第二遍除草)。除草工人上半身多穿一件汗衫(有人習慣打赤膊)，頭頂斗笠，下半身著內褲加短褲，沒有其餘。主人在田水漏光且斷了水的「禾頭田」中施了肥，一群工人魚貫雙膝跪在一人負責五行禾苗的行伍中。用兩手十指，把行間的雜草拔除，同時把雜草揉擠埋在濫泥深處。清早還好，烈日當空時，汗如雨下，擦汗不及，只好任由汗水從頭、臉往全身流竄，最後滴落禾苗間。田水沒完全流光，日照猛烈，熱氣由身體下方蒸騰而上。古人所謂「煎鰍」大概指此。沒有在田裡爬行經驗的人，怎能體會盤中飧，粒粒皆辛苦呢？

除完草，我們參加的「農村戰鬥營」也接近尾聲。從放假以來，我們參加了早稻的收成、也參加了晚稻的播種、插秧和除草。這時已勞累不堪，累得真正「毋會嘍雞毋會嘖(音 pun¹¹) 火」，難怪前輩會說：「立秋處暑，憑壁著褲。」又說：「立秋處暑，屙屎懶脫褲。」

桂花樹下

1. 玉　蘭　有　風　香　三　里　，
ngiug[5] lan[11] iu[24] fung[24]hiong[24]sam[24] li[24]

桂　花　無　風　十　里　香　。
gui[55] fa[24] mo[11] fung[24]siib[5] li[24] hiong[24]

2. 花　開　滿　園　自　然　香　，
fa[24] kon[24] man[24] ien[11] cii[55] ien[11] hiong[24]

七　月　秋　風　漸　漸　涼　。
cid[2] ngied[5] ciu[24] fung[24]ciam[55]ciam[55] liang[11]

　　苗栗老屋角，有一棵老桂花樹，桂花樹下，是我們兒時遊戲的場所；想不到離開故鄉四十年後的今天，它也是我們的夢境的所在。

　　這棵桂花樹樹幹最粗處徑約二尺、樹高約三丈。屋前是曬穀的禾埕，它正好生長在屋角的禾埕頭，記得年幼時，幾乎每到農曆十五前後的傍晚，都會「廳下掃淨分大人飲酒，禾埕掃淨細人來騎馬。」所以，有斑駁月影的夜裡，禾埕頭的桂花樹下，便成了我

們的遊樂場。

我們兄弟姊妹在禾埕頭「騎竹馬」，足跨大人用來挑東西的竹檳、雙手握住，在禾埕上來回奔跑；玩「捉迷藏」，先「搖搖插插，檳榔芊葉。騎馬過橋，燈芯點火，刀兒落剁□（音 siag⁵）」一番，選出鬼頭，鬼頭選出後，伏在桂花樹上，數數一到二十，然後出來找人。這些都玩膩了，可以「煮家拉飯」，用「泥沙」當米、採「竹葉」做魚……，「騎馬打仗」，「角色扮演」……等等，愈晚玩性愈濃，不忍去云。

那時，廚房燒柴火。媽媽曾對我說：「一年透天，愛當多柴杈來燒。」祖母年歲大了，可閒不下來，有人勸她享福，她總是自嘲說：「無法！我勞碌命。」所以，她常在夏日午後，日影透過桂花樹葉，在樹底下搖曳時，要我們兄弟姊妹到稻草堆那兒，抽一只稻草與她，等午睡起來，她坐在迎風處，熟練的縈（音 iang²⁴）起「草結」起來。

老家那棵花樹是秋桂，一年到頭只有秋季開花。二十四節氣的立秋到了，雖然近年溫室效應作怪，立秋仍暑熱異常；但古人常說：「七月秋風漸漸涼。」沒錯，是到了秋風送爽、秋桂飄香的時節。我依稀聞到家鄉的秋桂淡雅的清香，這又使我想到一句古話：「玉蘭有風香三里，桂花無風十里香。」桂花香聞十里，是迷人的。苗栗老家的秋桂花香，遠在台北的我都可聞到，那可「桂花無風百里香」哪！我在國中教書時，課本有琦君的「故鄉的桂花雨」，她寫「搖花樂」、她寫「桂花雨」、她寫「金沙鋪地」……我最能體會。每年桂花一開，我媽也會搶著爬到樹上，摘折那第一朵開的桂花，放滿事先洗淨的碟子裡，要我們兄弟姊妹放在神桌上供佛。

媽辭世三年多，昨夜又入我夢來，我夢見故鄉的秋桂開花了，卻來了一場風雨，媽仍虔誠的冒雨、爬樹、折花、供佛。相信佛祖賞識，媽一定到了那「西方極樂世界」逍遙。

3

豬油渣之戀

1. 八 月 甕 菜 芽 ， 當 過 豬 油 渣 。
bad² ngied⁵ vong⁵⁵coi⁵⁵ nga¹¹　　don⁵⁵ go⁵⁵ zu²⁴ iu¹¹ za²⁴

　　客家有一句俚語說：「八月甕菜芽，當過豬油渣。」

　　甕菜莖軟中空，一般俗稱做空心菜。空心菜性喜溫暖多濕，到了農曆八月，天候漸漸涼爽、乾燥，農夫農婦已不再栽植。但新採過的甕菜，根部附近的莖節上，又會發出細嫩的幼芽來，不消幾天，便可將這些甕菜牙摘下佐餐，這正是俚語中「八月甕菜芽」的意思。

　　八月的甕菜芽吃起來特別鮮美，勝過「豬油渣」。豬油渣是豬體內結成的油塊(俗稱豬油)或是肥豬囊拿來炸油，所剩餘的糟粕。雖是糟粕，在過去貧乏的年代，絕無丟棄之理，家庭主婦往往花其巧思、用其巧手，將豬油粕和以味噌(客家話叫米醬)，在鍋中用溫火慢翕，起鍋後的「豬油渣」，半油不膩，加上味噌原味，香噴噴的又有鹹味，非常下飯。現在想來，還不免為之垂涎三尺。

　　時序進入農曆八月，市郊、鄉村處處可見農村一畦畦的菜圃上，青翠欲滴的甕菜

芽;但是就不曾在餐桌上看到香、鹹有點油又不太油的「豬油渣」。

現代人已懂得飲食衛生,注重營養,吃太油、太鹹,都對身體不好,就讓吃「豬油渣」的歲月進入歷史吧!

4

年怕中秋月怕半

1. 年 怕 中 秋 月 怕 半 。
ngien^{11} pa^{55} zung^{24} ciu^{24} ngied^5 pa^{55} ban^{55}

2. 田 怕 秋 來 旱 ， 人 怕 老 來 寒 。
tien^{11} pa^{55} ciu^{24} loi^{11} hon^{24} ngin^{11} pa^{55} lo^{31} loi^{11} hon^{11}

前幾天，小妹自苗栗公館自製一盒二、三十個綠豆餅來，使我意識到，光陰似箭，一年容易又中秋。

民國四、五十年代的當口，戰後不久，民生還異常凋敝。但是，中秋節是民俗三大節慶之一，大家還是十分重視。

每年到了中秋節，當天一大早，媽媽用竹編的菜籃挑少許的麻筍，到離家步行半個鐘點的店子裡。換些應景的雜貨回家，其中一項少不了的是：年年不變的又百吃不厭的三、四台斤綠豆餅（通常大約每位家人可分得兩個）。

但自從社會食安問題爆發以來，大家流行食品 DIY。中秋月餅自製率也高起來了。以一直為客家鄉中秋少不了的綠豆餅而言，自製起來很簡單，它由內餡和外皮組成，內餡是綠豆沙可在傳統市場買得，外皮則搓揉麵粉成油皮和油酥而成。

只見太太拿來揉麵糰專用的木板，倒入麵粉數大匙澆油搓揉成團，這是油酥糰。再用等量的麵粉加水和少許的糖加豬油成油皮。就這樣，油皮扞於外層，油酥皮扞在內層。再裹上豆沙內餡，留一部份豆沙裸露在外，將包好的綠豆餅放在烤盤中，烤箱溫度170度，20分鐘左右，便大功告成。

如果想吃蕃薯餅，包蕃薯內餡即是，想吃芋餅，包芋頭餡就可。大家都可自製，送人自食兩相宜。

今天，大家在吃月餅、剝柚子或者賞月烤肉享樂之餘。想起民國四、五十年前的往事，無疑甜蜜中夾雜著些許苦澀。

有一年中秋節前夕，爸爸於中午放工時，半路上邂逅媽媽，幫媽媽挑上街買辦過節的用品回家，瞥見竹籃中的綠豆餅。說：「日子過好快，年剛過，又是中秋了。」只聽見媽媽回說：「你不聽人家說：『年怕中秋月怕半』嗎？很快又要過新年了。」

5 放紙鷂兒

1. 八 月 尾 ， 紙 鷂 滿 天 飛 。
bad² ngied⁵ mi²⁴   zii³¹ ieu⁵⁵ man²⁴ tien²⁴ bi²⁴

　　昨天一場夜雨。老家對面的「山塘窩」打北方飛來幾對雁鴨（我們稱牠「水鴨兒」）。秋深了，牠們是飛來過冬的！

　　客家人有句諺語說，「八月尾，紙鷂兒滿天飛！」就是說：時序到了深秋，風箏（風箏早時稱「紙鳶」，客話叫「紙鷂兒」），大家都到廣場上，放紙鳶。所以「紙鷂兒」滿天飛舞。

　　說到紙鷂兒，想起兒時父子兩人「搦紙鷂」（做風箏，客話說「搦（音 tag²）紙鷂兒」）的情景。

　　父親將從竹林裡砍來的竹子，用刀鋸，先鋸後剖成長短不一的枝或片（俗稱「破篾兒」）。父親和我各取所需的竹篾，用苧絲揉成細線，將竹枝綁成各種自己想要的風箏形狀。此刻，父子互相觀摩、請益的情景，深深烙印在我心中。我們綁好風箏的骨架，接下來就要糊紙，我們將事先準備好的舊報紙、舊日曆紙……裁切成適合的尺寸。糊在風箏骨架上，風箏便初步告成。

接下來，要在風箏上安線、試飛，這是最緊要、煩心的事，試想：費了那麼大功夫，所作的風箏不能飛，是啥滋味？

　　時代進步了，現在塑膠取代五十年前的竹篾和紙，以前用人工作風箏，現在向小販買。不必憂愁飛不起來！而且，花樣百出，應有盡有。從前我羨慕人家蜈蚣也可飛入天際，現在不稀奇！秋高氣爽時節的廣場上，仰望天空，你可看到：七彩斑斕的風箏，在空中競舞！沒錯！「八月尾　，紙鷂兒滿天飛。」

6 白露筍

1. 白　露　筍　，　摘　來　做　老　本　。
ped² lu⁵⁵ sun³¹　zag⁵ loi¹¹ zo⁵⁵ lo³¹ bun³¹

2. 白　露　淋　禾　，　丟　肥　落　河　。
ped² lu⁵⁵ lim¹¹ vo¹¹　diu²⁴ pi¹¹ log⁵ ho¹¹

3. 白　露　秋　分　，　日　夜　平　分　。
ped² lu⁵⁵ ciu²⁴ fun²⁴　ngid² ia⁵⁵ piang¹¹bun²⁴

涼風徐徐吹來，又是一年秋高氣爽的時候。白露到了，白露是一年二十四節氣之一；白露一過，寒涼便漸漸襲來。有句俗話說：「白露筍，摘來做老本。」意思是：每年白露時節的茶芯，由於天候轉涼，所以產量少了、生長速度也慢了，農家如再費力採摘，將不敷成本效益。這時，老太婆閒著也是閒著，便不計成本的採來，賣給製茶工廠，將微薄的收入，積蓄起來作為老本。

住台灣北部的客家人，多住山區丘陵地，和茶結了不解之緣；形成上山採茶時唱茶山情歌，以解慰工作的辛勞。這山唱：

摘茶愛摘兩三皮，三日毋摘老了哩；
三日無看情哥面，一身骨節酸了哩。

說：「採茶要採兩葉一芯，春夏時節，茶筍抽芯快，三天不採它，茶芯便老了。話鋒一轉，三天不見情哥一面，我就一身酸痛不已！」

那山便和道：
食茶愛食冰糖茶，戀哥愛戀隔壁家；
發風落雨看得到，省使擎遮戴笠母。

意思是：「告訴妳，我早知道。因此，我喝茶很挑，口渴了，非加冰糖的茶不喝；至於跟我談戀愛的對象，我就選擇隔壁家的；因為這樣，就不怕三天兩頭不見面了，連刮風下雨都沒關係，還省得打傘戴斗笠呢！」

又有一次，一個男孩的父親得知兒子心儀的對象，主動帶著兒子到女家拜候，這是一種禮貌。女孩的父親，喚女兒說：「客人來了，還不快端茶來？」女孩給男孩的父親、男孩各送一杯茶來。男孩接過茶，端詳了許久，忽然一飲而盡。隔天，這對有情人約會時，談起前日那事，男的唱道：

食妹茶來領妹情，茶杯照影影照人；
連茶帶影吞落肚，一生難忘阿妹情。

這正是客家人住在山區，發展出來的唱山歌文化。

7 野菊花

1. 敬　老　得　福　，　敬　牛　得　穀　。
   gin⁵⁵　lo³¹　ded²　fug²　　gin⁵⁵　ngiu¹¹　ded²　gug⁵

2. 九　月　菊　花　黃　，　農　夫　種　麥　忙　。
   giu³¹　ngied⁵　kiud²　fa²⁴　vong¹¹　　nung¹¹　fu²⁴　zung⁵⁵　mag⁵　mong¹¹

　　我國民間在農曆九月九有登高的風俗，所以重陽節又稱「登高節」，另有重九節、茱萸、菊花節等稱呼，農曆九月初九，二九相重，稱為「重九」。漢朝中葉以後的道家，有六陰九陽的說法，九是陽數，故重九亦叫「重陽」。「九九」諧音是「久久」，有長久的意思，所以常在此日又有祭祖與推行敬老崇孝活動。因為，國人早有「敬老得福，敬牛得穀」的觀念。

　　小時候，家住在山上，曾有一年重陽，父親因農忙已過，帶著媽媽和我，攀登家門口的對門小山。山腰處，有三、五人家。家家屋前屋後的隙地都種植一些花草、或美化環境、或作風圍。

　　有人家在屋邊種一棵大秋桂，枝椏上掛著幾盆拜歲──蘭花。也有白色香氣十足的梔子花和玉蘭，紫色的牽牛花等等，其中最多的應該是紅、黃相間的蓮蕉花和土黃、雪

白夾雜的野菊......，使人興起「採菊東籬下，悠然見南山」之想。

　　看到眼前的景色，平常不多言語的爸爸、話匣開了說：「什麼我們客家族群，是愛美一族，不管住的是竹屋、草屋，住家四周永遠保持得優雅乾淨，隙地栽花蒔草是少不了的。」這麼一來，路人也好，訪客也罷，路過於此，聞到淡淡幽香，不覺神清氣爽起來。這時，看見腳邊的一畦野菊花，我哼起學校老師教過的曲子來：「秋天來了菊花開，涼風吹起菊花開。黃的、白的菊花開，你愛、我愛菊花開，大家都愛菊花開。」哼著哼著，不知不覺來到了山頂，舉目四望，這時忽有「欲窮千里目，更上一層樓」的胸懷以及「振衣千仞崗，濯足萬里流」的壯志！

蘆花又白時節

1. 秋　霖　夜　雨　當　過　糞　。
ciu²⁴　lim¹¹　ia⁵⁵　i³¹　dong⁵⁵　go⁵⁵　bun⁵⁵

　　昨夜下了一場夜雨，客家話說：「秋霖夜雨當過糞。」不知為何秋雨多下在晚上，但秋天確實來了。

　　離開家鄉快四十年了，我依稀記得：家鄉秋收前，一天，我站立在田畝中，觀看一片綠油油的稻田，一陣涼風吹過，稻浪起起伏伏，突然醉倒在稻田中的情景。

　　我喜歡看稻浪翻風的景象，也愛原野蘆花(客話稱作茫花)隨風翻飛。

　　說起蘆花，百科全書有介紹：「蘆花，多年生高大草本，高1-3米。地下莖粗壯，橫走，節間中空，節上有芽。莖直立，中空。葉2列，互生；葉圓筒狀，葉舌有毛；葉片扁平，長15-45公分，寬1-3.5公分，邊緣粗糙。花、果期7-10月。」客家稱之為「菅草」，菅草的嫩葉家鄉算是牛隻的一級草料，是「掌牛哥兒」、「割草郎」的最愛。老死的「菅草」莖叫做「菅榛」，先民拿來做住家隔間的材料。

　　「菅草」秋天開花，白茫茫一片，秋風

陣陣 ，白花翻飛，煞是好看。我以為「捲起千堆雪」差可比擬。

　　住在城裡。終日為討生活奔忙，如能利用假日到近郊原野，看看蘆花捲起千堆雪的景緻，應該算是人生極大享受吧！

1. 捉　魚　當　過　打　獵　，
zog² ng¹¹ do⁵⁵ go⁵⁵ da³¹ liab⁵

無　一　盤　也　有　一　碟　。
mo¹¹ id² pa¹¹ ia⁵⁵ iu²⁴ id² tiab⁵

　　每當天灰蒼蒼，北風列列的季節，我都會情不自禁的，想到唐朝大詩人王維《觀獵》一詩：「風勁角弓鳴，將軍獵渭城。草枯鷹眼疾，雪盡馬蹄輕……」那雄壯的將軍，帶領著大隊的人馬，寒風中馳騁在獵場的英姿；強勁的冷風，直吹得弓弦嗚嗚作響的意象，一直在我胸中隨風翻騰。

　　我沒有看過人家打獵，更別說親自打獵了。只有在念書的時候，課堂上聽過一位生物老師，臭談他槍法如何的神準。我們的老祖先可不然，他們靠山吃山，靠水吃水，狩獵的經驗是豐富的。我母親便告訴過我一句老古人言：「捉魚當過打獵，無一盤也有一碟。」這句客話的意思是：到河裡捉魚比上山打獵，來得划算。打獵一整天，可能一無所獲；捉魚的話，只要你肯出門，回家時的餐桌上，沒有一盤也有一碟。

　　說起捉魚，我的興致突然高昂起來。回

想山居的日子，秋天的午後，不知消磨我多少少年時光，在河裡「摸螺挖蟹」（捉魚摸蝦）。

在河中捉魚摸蝦，我們稱作「戽蝦公」。吃過午飯，只要有人提議「戽蝦公」哦！絕對沒有不贊成的。大家人手一物，水瓢、臉盆、水桶……，便由兄姊帶著弟妹，浩浩蕩蕩向河邊進發，一路上，大家高興得「短調無腔信口哼」的情景，歷歷如在目前。

到了河邊，做兄長的選定石巖下、水窟處，可能窩藏較多魚蝦的河段作為目標。然後大家分工合作搬石頭、拿土坯，先阻斷水流，把水流引到一側。然後，大家自動自發的拿起帶來的水瓢、臉盆、水桶……，齊一心志把水漥的水向下游潑去，潑水的用具不夠，沒有工具的人也徒手加入潑水的行列。

這時大家已全身溼透，力氣漸漸用盡，然而玩性正濃，沒人喊累。水窟的水漸漸斂去，水中的魚蝦也知道了自己的命運，在淺水中必必剝剝的掙扎。(這時我忽地想起，古書上所寫的「竭澤而漁」。童年不知製造過多少罪過。)

我們連水帶魚舀入桶中，把阻水的泥石破壞，讓河流恢復原有的秩序。然後，踏著秋天向晚滿路的黃金，踩著輕鬆愉悅的步伐，提著滿水桶沉重的魚蝦，回家當作盤飧。童年不可再了，「戽蝦公」的日子，對我來說是那麼遙遠又那麼接近。

1. 河 溪 筆 哩 直 ， 芋 兒 改 來 食 。
ho^{11} hai^{24} bid^2 lid^2 ciid^5　vu^{55} e^{31} goi^{31} loi^{11} siid^5

2. 講 到 食 ， 走 到 毛 辮 直 。
gong^{31} do^{31} siid^5　zeu^{31} do^{31} mo^{24} bien^{24} ciid^5

3. 又 到 牛 藤 直 介 時 節 。
iu^{55} do^{55} ngiu^{11} ten^{11} ciid^5 ge^{55} sii^{11} zied^2

　　星期天陪老婆上菜市場，看到許多攤販的菜架上，擺著滿架的芋頭，激起我許多兒時的記憶。

　　記得剛懂事的當口，一日午餐時候，祖母端了一碗白飯，上面和了一些芋頭汁遞給我，輕聲的說：「芋兒味攪飯（客家人把汁說成味，攪飯就是拌飯），毋可同人講（不可跟別人說）。」當時渾然不知其深意，現在想起來是老祖母疼我，那時芋頭汁拌飯是種難得的美味，好吃的東西讓別人知道了，不被人家搶食光了嗎？

　　童年歲月是甜蜜的，除了吃芋頭汁拌

飯不可告人外，記得每當秋高氣爽的晚上，一家子，人人搬一張凳子圍坐在大稻埕上，大人乘涼、聊天，小孩子跑跳、嬉戲，有一次，我看見爸爸仰觀蒼穹，突然若有所獲的說：「河溪筆哩直，芋兒改來食。」銀河家鄉客話管它叫河溪。改：挖掘的意思。整句話的意思是：看見天上有一條直線的銀河，就是芋頭成熟，可以挖掘來吃的時候。這是祖先在田地裡勤苦所換得來的智慧。

根據書本上的記載：銀河就是廣義的外銀河星雲，裡面有無數的恆星、星雲、星團、宇宙氣體和宇宙塵。宇宙中分布有成千上萬的銀河系，我們的銀河系只是其中之一罷了。天文學家還發現，漩渦銀河在伸出旋臂的地方，恆星特別密集，整個看起來就像一根棒子。「河溪筆哩直」的「河溪」恐怕就是這種漩渦銀河吧。

自來台北以後，天空變小了，也沒有大稻埕，可供我們數星星、看銀河。近年來，吃過芋泥製作的糕糕餅餅無數，總是與明末

周容《芋老人傳》裡的宰相有同樣的感慨：「為什麼以前的芋那麼香而可口呢？」

11

看收冬戲

1. 男　人　莫　像　陳　世　美　，
   nam[11] ngin[11] mog[5]ciong[55] ciin[11] sii[55] mi[24]

   女　人　莫　像　買　臣　妻　。
   ng[31] ngin[11] mog[5]ciong[55] mai[24] siin[11] ci[24]

2. 看　戲　看　到　奸　臣　死　。
   kon[55] hi[55] kon[55] do[55] gien[24] siin[11] si[31]

3. 戲　棚　頂　做　戲　介　是　癲　兒　，
   hi[55] pang[11] dang[31] zo[55] hi[55] ge[55] he[55] dien[24] e[11]

   戲　棚　下　看　戲　介　是　戀　兒　。
   hi[55] pang[11] ha[24] kon[55] hi[55] ge[55] he[55] ngon[55] e[11]

農業時代少有娛樂，那時電視屬奢侈品，還不普及。農曆十月半，禾頭田的穀物大都收藏起來，要等次年二、三月的春耕，農家有一段農閒時光。

地方上，有一種不成文的常規：每屆十月十五（農曆十月半）開始，許多客家庄，請戲班子到神廟前公演客家採茶大戲，一方面酬神，另方面娛樂大眾。

「關爺公做戲了！」大家開玩笑的奔走相告，意思是關爺廟前的廟坪演戲啦！大家看戲去吧！

記得那年代，包公戲最叫座，尤其「包公斬陳世美」一演再演；還有「覆水難收」也膾炙人口常常搬演。看完戲，許多人都會說：「男人莫像陳世美，女人莫像買臣妻。」

「包公斬陳世美」演宋朝陳世美、秦香蓮的故事。陳世美家貧苦讀，中了狀元，皇上選為駙馬。原妻子秦香蓮帶領子女入京尋夫，陳世美不認，反而派遣家將韓琪追殺她們母子滅口。秦香蓮哭告實情，韓琪自刎於三官堂。秦香蓮到包拯處控告，包拯設計召來駙馬，與秦香蓮對質。陳世美自以為國戚強詞狡辯，包拯要鍘他，太后、皇姑前來勸阻，包拯不顧，用龍頭鍘鍘死陳世美。

「覆水難收」一戲，演朱買臣的傳說。朱買臣是一個很用功的讀書人。他因為買不起油點燈，每天晚上只好燒著有油脂的松枝來照明，漏夜苦讀。

這種苦日子，過了一段時候，朱買臣的妻子實在受不了了，要求離婚，可是朱買臣安慰他說：「現在我們雖然窮，可是總有一天我會發達的，你就再忍耐些時候，好日子就快來了。」「像你這麼寒酸的讀書人，我那敢奢望！」妻子堅持離婚，而朱買臣只好讓她走了。

過了幾年，朱買臣果然當上了太守，當他「衣錦還鄉」時，他的元配也擠在人潮中觀看：「相公，我是你的妻子，我以前錯了，請原諒我吧！」當她看到朱買臣著官服、戴烏紗帽威風凜凜，便主動要求復合。豈料朱買臣要隨從端來一盆水，並且倒在地上，然後對著己離婚的妻子說：「我們的關係就像潑在地上的水，再也收不回來了！」

收冬戲都是教忠教孝的，看了戲足以洗滌人們心靈，進而淨化社會。「男人莫像陳世美，女人莫像買臣妻。」真具有社教功能。

12

寒嘮嘮，狗蝨多

1. 寒　嘮　嘮　，　狗　蝨　多　，
   hon¹¹　lo²⁴　lo²⁴　　gieu³¹　sed²　do²⁴

   毋　可　咬　我　咬　吾　哥　。
   m¹¹　ho³¹　ngau²⁴ngai¹¹ngau²⁴　nga²⁴　go²⁴

再過幾日注係(就是)霜降了，台北街頭介(的)風嘟嘟滾(呼呼地)，毋知同麼人相罵(不知跟誰吵架)？公園肚項(裡頭)樹頭下介落花黃葉也翩翩起舞，唔知係歡迎，也係歡送？有兜(些)人坐在石頭頂高(上)曬太陽，還不時(經常)頭臥臥(仰著頭)向日頭打哈啾。

臨晚頭(傍晚)，國父紀念館廣場介天空，有盡多紙鷂兒(很多風箏)飛來飛去，情像原在(很像從前)鄉下時節，愛落雨(要下雨)以前滿天介揚尾兒(蜻蜓)。

逐年(每年)一到清秋時節，就會想起故鄉寒涼滿山介情景，想到介頭(那棵)屋側角介桂花樹，也怕跌下(落下)歸地泥(滿地)介黃金。講起桂花樹！實在有我想毋完介童年往事。

該時(那時候)，阿爸阿母常透(經常)愛

（要）到山頂田肚（山上田裡）做事，做到斷屋正轉（天黑才回家）。阿婆同我兄弟姊妹，注（就）在桂花樹下，頭勾勾（抬頭盼望）等阿爸阿母轉來。阿婆背著我的老弟，抱著我的妹妹，教我唱歌「寒嘮嘮，狗蝨多，毋可咬我咬吾哥。」阿婆一句，我一句，毋知唱過幾多遍。

細人兒（小孩子）那會知脈介安到（什麼叫做）狗蝨多？一下（現在），自家做阿爸了！正知畜細人兒（才知養小孩）無（音：毛）恁簡單。有一滴兒（一點兒）頭燒額痛，注會跳上跌落（就要急得團團轉），看新生（醫生）、求神明。

「狗蝨」就是指病媒，寒熱交加（忽冷忽熱），細人仔一無細意（一不小心）受到風寒，就會傷風感冒。傷風感冒那有恁快（這樣快好！），阿爸阿母分大細摵驚（給小孩擾煩了），就會講：「畜那些蛀錢精！（養你們一些花錢的孩子）」

「在那要什麼沒什麼的年代，畜一大群大細（小孩），愛分佢食分佢著（要給他們吃穿），擔頭（負荷）實在重，『那有閒錢補笊籬』。」（笊籬是一種過濾湯汁的廚具），此句意謂沒有剩餘的錢，花費在無關緊要的事情上。難怪大人（長輩）驚怕細人發病（生病）。

一下無共樣哩（現在不一樣了），經過四十年大家介打拼，大家毋愁食毋愁著（不愁吃穿），社會有錢了、國家有錢了，大家就有錢可食藥了。但是億（很）奇怪，真多人得到脈介文明病，以前毋識（不曾）聽過介像：做秀病、大家樂病……，「偏偏就是無藥醫！」

13

犁冬曬白

1. 犁 冬 曬 白 ， 穀 增 一 石 。

lai¹¹ dung²⁴ sai⁵⁵ pag⁵　gug² zen⁵⁵ id² sag⁵

小時候，常聽鄉先輩哼唱：「南湖入去
小邦河，小邦肚有個ㄨㄨ哥。ㄨㄨ哥，人才
好，討介夫娘像厥婆。」謠諺戲謔家鄉有一
個男孩，娶了一位大他很多很多歲的姑娘之
事。民國三十年代，姊弟戀是前衛、時髦的，
這是這首謠諺所以流傳的原因。

謠諺中的小邦河，是撫育我成長的母親
河。我生逢農業時代末期，當時家鄉的小邦
河（屬苗栗縣大湖鄉），河谷兩岸幾無平地，
先民在此地開墾了五、六公頃的梯田，梯田
養活了四、五十人。

每年秋末到次年春初，這塊狹長的梯
田，農民用大自然的彩筆，畫出黃、紫、白
三色相間的長河，煞是美麗！

梯田秋收後，有將近半年時間休耕。農
民在秋收後的稻田，灑些油麻菜籽於其上，
一、兩個月後，油菜花開一片，金黃色的花
海就呈現在你眼前。如果，農民以為次年春
耕時，紫雲英的養分大過油菜，便到市街，
要些紫雲英的種子，灑在稻田上，紫雲英成
熟後便開出紫色的花海。

又有老人家常說：「犁冬曬白，穀增一石。」意思是：農田秋收後，田要翻土，使其曝曬在日光下，用以曬死寄生在土中的害蟲；這樣次年收成的穀物，將會增加很多。因此，大部分的農民會選擇「犁冬曬白」。犁田翻土之前，在田邊隙地，剷一塊草地，大約一週間，剷除的草乾了，用五齒耙將雜草耙集成堆，點火燃燒。再把泥土覆蓋在草上，讓泥土也一並燃燒，這稱作「熰火焮」。稻田秋收後，農人將乾燥的稻田翻犁成畦，意欲「犁冬曬白」，惟客家人省儉持家，將熰好的火焮泥混加去冬收成的菜花籽（一種叫做「金鉤兒」的蘿蔔籽），每隔一、兩尺灑在翻過土的田畦上，來春一片白花，與黃、紫相間，美極。

可是，家鄉自推廣經濟作物「草莓」以來，種稻的收入遠比不過種「草莓」的收益。家家戶戶都種植「草莓」了，不知從何時起？大湖已無種稻的水田，當然不必「犁冬曬白」。那張家鄉小邦初春彩色的畫圖，僅停格在我這異鄉遊子的腦海裡！

14 耕田毋蒔糯，檢兜餓

1. 耕 田 毋 蒔 糯 ， 檢 兜 餓 。
   gang²⁴ tien¹¹ m¹¹ sii⁵⁵ no⁵⁵　giam³¹ deu²⁴ ngo⁵⁵

2. 平 時 番 瓜 飯 是 若 命 ，
   pin¹¹ sii¹¹ fan²⁴ gua²⁴ fan⁵⁵ he⁵⁵ ngia²⁴ miang⁵⁵

   有 糯 飯 時 節 ， 連 命 都 無 愛 。
   iu²⁴ no⁵⁵ fan⁵⁵ sii¹¹ zied² 　lien¹¹ miang⁵⁵ du⁵⁵ mo¹¹ oi⁵⁵

近日陪侍父母郊遊，路過龍潭三洽水，看到稻田裡的稻穗，多數已轉成綠豆色，其中溪邊的一坵田，卻已然金黃。面對這種景觀，有半世紀種田經驗的爸爸指著說：「介（那）先黃介（的），是糯兒（糯穀）啦！」這使我想起一句客家俗話：「耕田毋蒔糯，檢兜餓。」意思是：種田如如果不種些糯穀，一家人都有得挨餓。

回想起童年，覺得這句話還滿有道理的。童稚時，家境非常不好，父親種幾分薄田，豐年差可自給，荒年則未免飢寒。記憶中豐年總是很少，因此我們經常早、午兩餐吃地瓜飯，晚餐吃豆粥、蘿蔔乾糜或絲瓜稀

飯……

每年一到南瓜收成季節，是我們小孩最樂的時節。俗話說：「巧婦難為無米之炊。」有了南瓜，媽媽會燜番瓜（客話稱南瓜為番瓜）飯，來暫時解除我們對地瓜飯、豆粥……的恐懼。

等到新糯穀登場，曬乾精成糯米，扣除年節製作糕點，還有剩餘。媽媽會想盡辦法，例如捉一隻雞、挖一籃筍、挑一擔柴……到街上去賣，換幾斤五花肉回家打牙祭。同時，媽媽還會預留一塊肉，爆香「燜糯飯」，慰勞全家。

母親先將五花肉切絲，放進熱鍋中，炸出許多油後，再放進蔥花、蒜頭、豆腐乾、蝦皮……攪和，不一會兒就連油帶佐料撈起來；接著將洗好的糯米，倒入鍋中，使勁翻攪；半晌，放進事先量好的水，蓋上鍋蓋燜煮。經過十幾二十分鐘，糯飯燜熟了，媽媽打開鍋蓋，將剛剛起鍋的佐料，倒進鍋中攪拌。攪拌均勻後，蓋上鍋蓋，利用爐灶的餘溫，再燜一會兒後，就是香油可口的糯飯了。當時我年紀小，不夠高，於是搬來矮凳子，站在灶背母親身旁，看媽媽燜糯飯的純熟動作，糯飯還沒做好，我早已看得垂涎欲滴了。

「番瓜飯」好吃總不如「糯飯」吃後給人的飽足感。因此，大人常會挖苦小孩說：平常「番瓜飯是若命（是你的命），有糯飯時節，連命都無愛（不要）哩！」現代人衣食無缺，絕對體會不出「南瓜飯是若命」的說法，這只有提供大家茶餘酒後的談助了。

試想：種田不種糯穀，年節用什麼製作糕點？粘米成熟前拿什麼燜糯飯？說得誇張點，豈不是要全家挨餓嗎？

肆

冬

1 運動最補

1. 藥　補　毋　當　食　補　，　食　補　毋　當　運　動　補　。
iog⁵ bu³¹ m¹¹ dong⁵⁵ siid⁵ bu³¹　siid⁵ bu³¹ m¹¹ dong⁵⁵ iun⁵⁵ tung⁵⁵ bu³¹

　　十一月七日（舊曆九月十五）是立冬，民俗中是日要「補冬」。中國人是最講究補的民族，人的身體虛了要補，病了要補：「病前要補，病後要補；平時要補，冬天到了，立冬豈能不補。」俗話講；「未冬節就捘圓，莫講冬節毋捘圓。」換句話說：「未立冬就補，莫講立冬毋補。」也不會錯。

　　立冬這天，一大早，中藥舖便擠滿了家庭主婦，抓四神的、八珍的、十全大補的⋯⋯應有盡有，藥店的生意特別好。其中，八珍、十全大補藥材種類較多，當然比較貴，是屬富有人家吃的補品；普通人家只用排骨燉蓮子、薏實⋯⋯等稱四神湯的來應景。有錢人家，買烏骨雞燉十全大補。到底補了沒？有人說有，有人說沒！

　　一般人「補」的觀念中有藥補和食補兩種。專欄作家何凡先生說：「我不大相信補藥的效力，除非那是醫生推荐的。對於食補我也持保留的態度，因為有些食物吃了有益，有些卻有害。就我的經驗來說，世上最好的補品莫過於運動。」他提出「藥補不如食補」，「食補不如運動補」的觀念。

我們每天有均衡的營養、加上適當的運動，我想補藥應屬多餘。最近網路盛傳「甩手運動」，聽說甩手可以甩掉腰酸背痛，甚至甩掉癌症，甩出健康。簡單的甩手，有如此神效，我看除了呼吸、循環受到幫助而外，最大的原因是得到好處的人，都因運動簡便而持續、有恆。

「小便不如出汗」大家都知道；便溺、排汗都是人體必須的代謝。有朋友從美國 Line 過來，他說退休前本有失眠、高血壓，退休後又患憂鬱症。經朋友勸告：每天早起、快走一小時以上。於是聽朋友的話，開始晨起快步走約兩小時，從沒間斷過。每天回到家，大汗淋漓。半小時後，沐浴更衣，整天精神很好。說也奇怪，前幾天到醫院回診，經測量、檢查後，醫生囑咐；助眠藥和抗憂鬱藥暫停使用、降血壓藥減半。

真沒想到：「良藥苦口利於病。」要不是那位朋友苦口勸他早起快走，他可能還和失眠、憂鬱搏鬥呢！我不得不舉雙手贊成，何凡先生「運動最補」之說。

2 無米煮蕃薯湯

1. 小 雪 毋 挖 ， 大 雪 綿 忒 。
   seu³¹ sied² m¹¹ ied² tai⁵⁵ sied² mien¹¹ ted²

2. 時 到 時 當 ， 無 米 煮 蕃 薯 湯 。
   sii¹¹ do⁵⁵ sii¹¹ dong²⁴ mo¹¹ mi³¹ zu³¹ fan²⁴ su¹¹ ton²⁴

　　小雪，是我國二十四節氣之一，每年約從 11 月 21 日或 11 月 22 日起開始，氣溫明顯下降，中國北方開始降雪，雪量則由小而大。

　　小雪節氣是寒潮和強冷空氣活動頻數較高的節氣，所以強冷空氣影響時，常有入冬第一次降雪的景象。

　　客家人說：「小雪毋挖，大雪綿忒。」意思是：「到了小雪時節，地瓜(蕃薯)已然成熟，再不採收(挖掘)的話，到大雪時節，都將腐爛毀棄。」

　　客家人又說：「時到時當，無米煮蕃薯湯。」話說客家人，樂天知命，且崇尚自然、他們以為天無絕人之路，三餐沒米得煮，也沒關係，還可以吃蕃薯湯呀！

　　記憶中，兒時，吃過蕃薯籤飯、蕃薯剁

圈煮的飯、蕃薯薑母湯……無數。殊不知，這些從前的豬食，(蕃薯藤、蕃薯葉是有名的豬菜，蕃薯、蕃薯皮是上等的豬食)今天卻是非常營養的食材。

根據百科全書的記載；「有些觀點提倡蕃薯應連皮吃，因蕃薯含有豐富的鈣質和多酚。烹煮前應徹底將皮洗淨，連皮煮熟、食用最能吸收營養；且因蕃薯較少噴灑農藥，可購買品質較好的蕃薯，帶皮烹煮食用，更能吸收到完整營養。地瓜皮含豐富的黏液蛋白等多醣類物質，能降低血液中的膽固醇、保持血管彈性，預防血管硬化及高血壓等心血管疾病。」

在台灣最貧困的年代，生長在台灣的客家人，因為米食經常不足，必須要以蕃薯補充，因此，消耗了不少的蕃薯，記得小時候，放學回家總先看媽媽煮豬菜的大鍋子，翻尋小蕃薯連皮帶肉吃下肚，應了一句話：「肚飢毋怕蕃薯皮，火烈毋驚生蘆枝。」

就這樣，歪打正著，從少到老都愛吃蕃薯的客家人，大部分都和健康結了不解之緣。今天，生活改善了，我們有機會上館子喝下午茶時，還不忘點一鍋「蕃薯粥。」以齟嚼：「時到時當，無米煮蕃薯湯。」的精義。

冬至食粄兒圓

1. 冬 至 日 兒 短 ， 兩 人 共 一 碗 。
dung²⁴ zii⁵⁵ ngid² e¹¹ don³¹ 　 liong³¹ ngin¹¹kiung⁵⁵ id² von³¹

2. 未 冬 節 就 捼 圓 ， 莫 講 冬 節 毋 捼 圓 。
mang¹¹dung²⁴ zied² ciu⁵⁵ no¹¹ ien¹¹ 　 mog⁵ gong³¹ dung²⁴zied² m¹¹ no¹¹ ien¹¹

3. 大 雪 冬 至 ， 煮 飯 毋 赴 。
tai⁵⁵ sied² dung²⁴ zii⁵⁵ 　 zu³¹ fan⁵⁵ m¹¹ fu⁵⁵

　　冬節，又叫賀冬，二十四節氣之一，與夏至相對。都在國曆 12 月 21 日到 12 月 23 日這三日之間，農曆則在十一月十五日前後 30 日內的某一日。

　　冬節日之日頭，差不多都直射南回歸線，北半球白晝最短，北極圈呈永夜狀態，南極圈呈極晝狀態，其後陽光直射位置向北移動，北半球白晝時數日漸增長，正午日頭高度也日漸升高，日影逐漸縮短。由於日頭輻射到地面的能量仍比地面向空中發散的少，所以在短時間內氣溫持續降低。

日日是好日

125

客家諺語說：「冬至日兒短，兩人共一碗。」大概是形容節氣的特色，白晝特短的現象。旭日東昇，不久中午，忽焉傍晚來到，晚上來臨。每天生產時間極少，所以農家就省著吃喝，兩個人吃一碗吧。

客家人有一種根深柢固的觀念，以為圓象徵圓滿。因此，凡家有喜事，一定挼粄圓（湯圓）饗親友以祝賀。相傳冬至是牛的生日，所以家家戶戶都要製作湯圓慶賀一番。

記得三、四十年前，當時我們住在苗栗大湖鄉下。每逢冬節前夕，吃過晚飯，「全家圍在飯桌旁挼粄圓」的戲碼就上演了。首先，大人把布袋中濾乾的粄粹倒入洗淨的磨欄內，再將洗淨的雙手使勁地搓揉，直到隨手可將粄粹捏成團，不致散開為止。將搓過的粄粹聚成一大團，這時要挼粄圓了，大人先用手揪一拳頭大的粄粹，再挼成比拇指稍大的條狀，再捏一公分左右的小段，我們小孩子洗淨雙手，一次取一小段，放在掌中輕輕搓揉，到成湯圓為止，再換取另一小段繼續搓揉，挼完為止。

第二天一大早，媽媽會先煮一小部分甜的湯圓，三碗一組，拜神或敬祖先。到了晚上，媽媽把其餘的湯圓，用清水煮熟，和以先用香蔥、豆干、瘦肉丁……爆好的香油，加上大量的茼蒿即成。全家圍坐在飯桌前，吃湯圓囉！這時，爸爸會拿幾顆湯圓到牛欄中，在兩枝牛角上，各貼三、五顆湯圓，表示牛也吃湯圓，因為牠過生日呀！

同樣是畜類，為什麼貓、狗沒過生日？而特別為牛過生日？因為「敬老得福，敬牛得穀。」

4　冬至烏，禾埕鋪

1. 冬 至 晴 ， 禾 落 坑 。
dung^{24} zii^{55} ciang^{11}　　vo^{11} log^{5} hang^{24}

冬 至 烏 ， 禾 埕 鋪 。
dung^{24} zii^{55} vu^{24}　　vo^{11} tong^{11} pu^{24}

2. 冬 至 落 雨 ， 牛 羊 凍 死 。
dung^{24} zii^{55} log^{5} i^{31}　　ngiu^{11} iong^{11} dung^{55} si^{31}

　　每年冬天，都有兩個節令，博得人們的重視。一是下元節，客家人口中的十月半；一是冬至。也就是俗稱的冬節。

　　今年的十月半剛過，冬節又快到了。

　　每年冬節前一天，白天婦女都要準備少許糯米磨成米漿、濾除米汁，壓榨成半乾的「粄粹」。等到晚飯後，一家人圍坐飯桌前搓湯圓。一年到頭，難得一家人一起做事，這是一幅溫馨的畫圖。

　　第二天就是冬節了，一大早媽媽就在灶下煮湯圓了，把前一晚大家揉好的湯圓，放進滾燙的鍋水中，等湯圓熟了自然浮起來，再把熟的湯圓舀進盛有糖漿薑汁的湯鍋，這就是甜湯圓。爸爸把鍋中做好的甜湯圓，裝滿兩個三碗，端至神桌上供佛以及祭拜祖先。剩餘的和拜神祭祖過的湯圓，家人可以嚐新；沒煮過的湯圓，到了晚上，媽把蝦仁或蝦皮、魷魚、豆乾、紅蔥頭切碎爆香，加上剛從菜園採摘回來的嫩嫩的茼蒿，煮成

高湯，再將熟透的湯圓，撈起放入高湯中，這便是冬節孩子們最愛的湯圓晚餐。通常冬節後十天就是國曆正月初一過新年，據說冬節日任你怎麼討厭吃湯圓，也得吃個三、五顆，因為民俗謂吃了湯圓長大一歲，冬至吃湯圓是吉祥的。

說起「冬至」，客家庄還流行一句俗話：「冬至晴，禾落坑；冬至烏，禾埕鋪。」意思是：冬至那天，如果天晴，來年將會鬧旱災，稻作必定歉收；相反的，冬至那天，如果烏陰天將會有好收成。這不知有什麼道理？也許就是過去農民的經驗吧！

台灣去農業社會不遠，我這六十幾歲的老頭就曾躬逢其盛，回憶起從前一家和氣、辛勤的農家生活，實在耐人咀嚼尋味。

所謂「冬至烏，禾埕鋪」的禾埕，就是晒穀場。談到晒穀場，我有特殊的、濃烈的情感。從前農村，一到收穫季節，自動組成收割大隊，今天九個人一組到你家收割稻子，明天再到他家幫忙。村子裡的長老，會依各家稻作的成熟程度，事先排定收割的先後次序。

時間倒回半個世紀，再過幾天，大家將到我家割稻了，大人們有很多事要準備、要忙，我們小孩會自動幫忙，例如：我會利用放學的課餘「做禾埕」，先把禾埕上的雜草剷除，再拿細緻的田土，把剷除雜草的禾埕坑洞補實填平；最後，取前兩、三天在牛欄撿拾來的新鮮牛糞，倒入容器中加水攪和成漿，用手把牛糞中牛吃餘的草料及較粗的雜質撈起拋棄；用新紮的竹掃把和接有長柄的勺子，一勺一勺的牛糞漿在禾埕上塗抹，直到禾埕上每一個角落都塗上一層薄的牛糞漿，用來防杜將來曬穀時砂石混入稻穀中，這稱做「粉禾埕」。那年代我們家貧，沒有閒錢足以鋪設水泥地來曬穀，只好每年兩季收割前，「粉禾埕」來曬穀子。

農家是十分辛苦的，然而，只要稻穀的收成能夠「禾埕鋪」，再辛苦，也都會拋到九霄雲外！

5

冬食蘿蔔夏食薑

1. 冬 食 蘿 蔔 夏 食 薑 ，
dung^{24} siid^5 lo^{11} ped^5 hai^{55} siid^5 giong^{24}

一 生 毋 使 入 藥 房 。
id^2 sen^{24} m^{11} sii^{31} ngib^5 iog^5 fong^{11}

2. 長 毛 賊 ， 偷 挷 人 介 大 蘿 蔔 。
cong^{11} mo^{24} ced^5 teu^{24} bang^{24}ngin^{11} ge^{55} tai^{55} lo^{11} ped^5

3. 食 上 食 下 ， 毋 當 屋 下 。
siid^5 song^{24} siid^5 ha^{24} m^{11} dong^5 vug^2 ka^{24}

客話有一句俗諺，說：「冬食蘿蔔夏食薑，一生毋使入藥房。」這是人生經驗的累積，不必什麼科學依據。話說，在日常食物當中，蘿蔔和生薑是很好的養生食材，盛產的當季，物美價廉多吃它，可常保平安。講到薑，維基百科有這樣的記載：「一種原產於東南亞熱帶地區植物，開有黃綠色花並有刺激性香味的根莖。根莖鮮

品或乾品可以作為調味品。薑經過泡製作為中藥藥材之一，也可以沖泡為草本茶。薑汁亦可用來製成甜食，如薑糖、薑汁撞奶、薑母茶等……」薑的妙用大矣哉。

又，最近網路上流傳一種「薑蒜汁」，聽說可治百病，尤其心血疾病特別顯著。薑可謂食材中的至寶，耆老有云：「朝朝三錢薑，餓死街頭老藥坊。」又一言證。

俗話說：「清明芋兒穀雨薑」是說穀雨前後適合種薑，大約四個月後收成。

這時已是秋天了，也有三個月即採收嫩薑，如此說來也就差不多吻合：「冬食蘿蔔夏食薑」諺語所說的季節了。

年三夜四了，懷想家鄉以種田蒔禾為主的年代，這時候部份田裡種的大菜，已然成熟，家裡的主婦可忙了，到田中把大菜收割好，要孩子們挑到家門口的場上。利用農隙、傍晚時分，好醃製鹹菜。

此刻，田裡種植的蘿蔔，不管是大蘿蔔（又稱雪蔔）、細蘿蔔（又稱金鉤兒）、長蘿蔔也都成熟了，家鄉有句謠諺：「長毛賊，偷挷人介大蘿蔔。」自家辛苦種得，哪能叫人偷挷？主婦們挑著空菜籃，來到田裡拔蘿蔔，裝滿籃子挑到河邊洗淨。晾乾後取來菜刀、砧板，把蘿蔔切成塊狀，灑上鹽巴攪拌均勻，孩子們幫忙抬到屋邊大石板上、或在地上鋪上蓆子、竹篾子，將切成的蘿蔔在日頭下曝曬，曬乾後就是做菜脯蛋的食材。用金屬刀片裝置在木板上，把蘿蔔刷成薄片曬乾，變成蘿蔔錢，可以加小排煲湯，吃起來非常爽口；也可以將它篩成籤，曬乾保藏，和其他各種食材可做出不同風味的菜餚或點心。例如：蘿蔔絲煎蛋、菜包……等。客家婦女節儉又勤勉，怎能放過這些製作乾菜的機會？

離開家鄉三十多年，看見家鄉婦老在菜園裡拔蘿蔔、在河邊石板上曬蘿蔔乾的身影；談客家婦女利用蘿蔔乾菜製作多種美味菜餚、點心的記憶。最最不能忘懷的是蘿蔔

糕。蘿蔔地方上有另一俗稱「菜頭」。音近似「彩頭」。過年人人都想望有個「好彩頭」，所以過年幾乎家家戶戶都要做「菜頭粄」（即蘿蔔糕）來討個吉利。有云：「*食上食下，毋當屋下。*」我吃過「菜頭粄」無數，還是媽媽做的「菜頭粄」最好吃、最 Q 軟。想著想著，口水都快流出來了！

6 十二月介烏鴉

1. 十 二 月 介 烏 鴉 ， 正 月 介 婦 人 家 。
   siib^5 ngi^{55} ngied^5 ge^{55} vu^{24} a^{24}　zang^{24}ngied^5 ge^{55} fu^{55} ngin^{11} ga^{24}

2. 十 二 月 響 雷 ， 豬 兒 毋 使 槌 。
   siib^5 ngi^{55} ngied^5 hiong^{31}lui^{11}　zu^{24} e^{31} m^{11} sii^{31} cui^{11}

又到了一年將盡的小寒時節，這是酷寒蕭殺的農曆十二月，以前人說：「十二月介烏鴉，正月介婦人家。」

初不解其意，年事稍長，才體會出農曆十二月烏鴉出巢頻繁，猶如農曆正月婦女到寺廟燒香，一群群、一對對。

還記得：五十年前，家鄉婦女，平時得上山落田，幫忙農務，難得等到農閒假期。每年正月，有到五穀廟，頂禮膜拜，祈求五穀豐登、國泰民安；有到註生娘娘廟前為媳婦求子；有牽著孫子到關帝宮換絭；有到觀音寺攢仙水的……

也還記得，民國四、五十年代的台灣，家鄉苗栗大湖，每到冬天天多陰陰的；烏鴉出動，三五成群。低空翱翔，尋覓食物，倦了便棲息在人家屋頂上。有一次，不巧有一群烏鴉棲息在一喪家屋頂上，被人發現，人們從此以為烏鴉是不祥的動物。這是出門聞烏鴉啼鳴為不祥的傳說之始。

說也奇怪，鄰近的日本，卻以看到烏鴉為吉利。因此，到過日本旅遊的人，如果有機會到有樹林的地方，便可聽見烏鴉啼叫的奇境，東邊鴉鴉，西邊鴉鴉，早也鴉鴉，晚也鴉鴉，好不熱鬧。

其實，國人過去也將烏鴉視為善鳥。古書上有說：「烏鴉有反哺之恩，羔羊有跪乳之義。」我在小學課本裡也讀過，因為「老烏鴉，年紀老：飛不遠，跳不高。」所以，小烏鴉長大以後擔負起家計，負責覓食、餵食父母。也讀過唐朝詩人白居易的《慈烏夜啼》：

慈烏失其母，啞啞吐哀音，晝夜不飛去，經年守故林。
夜夜夜半啼，聞者為沾襟。聲中如告訴，未盡反哺心。
百鳥豈無母，爾獨哀怨深？應是母慈重，使爾悲不任。
昔有吳起者，母歿喪不臨。嗟哉斯徒輩，其心不如禽！
慈烏復慈烏，鳥中之曾參。

這是白居易為母守喪期間的作品，他描述慈烏夜啼的故事，表達喪母的悲痛，也盼望世人能體會孝道的重要。前四句寫慈烏夜啼的情狀。次八句推測慈烏夜啼的原因，應當是感念未報的母恩而有沉重的悲傷。最後六句舉吳起的不孝用以批判不懂孝順的人比禽獸還不如，以慈烏有如曾參般的孝順值得世人頌讚。烏鴉是善鳥也好，惡鳥也罷；想到普世價值環保人的立場，台灣民眾應摒棄看見烏鴉不祥的迷失，對烏鴉的保育，此其時矣！

7

大寒

1. 大 寒 驚 怕 南 風 起 ， 又 驚 落 大 雨 。
   tai^{55} hon^{11} giang^{24} pa^{55} nam^{11} fung^{24} hi^{31}　　iu^{55} giang^{24} log^{5} tai^{55} i^{31}

2. 人 寒 腳 冷 ， 狗 寒 嘴 冷 。
   ngin^{11} hon^{11} giog^{2} lang^{24}　　gieu^{31} hon^{11} zoi^{55} lang^{24}

3. 大 寒 無 寒 ， 人 畜 毋 安 。
   tai^{55} hon^{11} mo^{11} hon^{11}　　ngin^{11} hiug^{2} m^{11} on^{24}

　　大寒是一年二十四節氣中的最後一個。這個節氣的天氣是一年中最冷的一天，因此，稱它為大寒。

　　「大寒」日的氣候也是農業社會的重要指標。聽說：這一天要是起北風，同時天氣變得寒冷，表示來年會豐收；相反的，如果此日吹南風，天暖氣清，那麼代表來年作物會歉收；另一說：如大寒日遇雨，來年的天氣可能不太正常，影響作物的生長，也將歉收。因此，農家非常重視「大寒」當日的天氣，有云「大寒驚怕南風起，又驚落大雨。」

我生長在「有飯可 (ho³¹) 食，就無菜可傍。」的戰後。當時住在交通極不便利的山村，國校上學只能靠步行，到小學校，約莫要費四十來分鐘；到鄉內的初中，要步行一百分鐘。那時我們還小，天不怕地不怕，只怕農曆十二月多霜雪。五、六十年前，我們是一群不穿鞋上學的孩子，沒鞋得穿，當時雖有一種沒有束縛的享受。然而，一遇寒冬，才知「腳下無鞋冷入心」的況味。

平時上、下學，我們玩「踏草行」的遊戲，以消磨這段漫漫時光。遊戲以找一個人做鬼開始，做鬼的人故作無事狀，參與遊戲的人，稍不注意，沒有踏草行進，立即被抓，輪他當鬼，路尾總結，做鬼次數最多的人受罰。此事現在說來輕鬆，可是冬天清晨路旁的草上霜冷冽無比，大家避之唯恐不及，可是為免被抓，還是得忍踏草而行的煎熬。到了學校，一雙雙紅通通的雙腳不敢放在教室地板上，而晾在椅子的木梗上。如果導師住在學校宿舍，多會一大早燒開一鍋熱水供我們取用，我們排隊在老師宿舍前取熱水泡腳。不久之後，每雙腳開始發癢，正值上課期間，平時行為比較保守的同學，雙腳在地板上輕輕搓揉；粗魯成性的，則手腳並用，使勁地搔、抓，把腳抬高，拿到前座椅背上者有之，舉至自家桌沿者亦有之，千奇百態，蔚為奇觀。

當時，我們已體會「人寒腳冷，狗寒嘴冷」的意義。大家都看過冬天蜷曲門口的大黃狗，嘴巴用四隻腳圍護在胸前取暖的模樣！以及最近網路上瘋傳一個笑話：

一對老夫妻夜宿溫泉旅館，半夜醒來，老先生直呼：「這被子，太短了。」老婦人誤聽成：「這輩子太短了！」回答說：「一切都是緣分。」老先生說：「緣分什麼？這被子確實太短了！」原來，老先生是因為「腳冷啊！」

8

辛勤灑種，必歡呼收割

1. 好　食　毋　留　種　，　正　來　同　人　討　到　嘴　腫　。
   ho^{31}　siid^5　m^{11}　liu^{11}　zung^{31}　zang^{55}　loi^{11}　tung^{11}　ngin^{11}　to^{31}　do^{55}　zoi^{55}　zung^{31}

2. 秧　好　一　半　穀　，　妻　好　一　半　福　。
   iong^{24}　ho^{31}　id^2　ban^{55}　gug^2　ci^{24}　ho^{31}　id^2　ban^{55}　fug^2

「明天！我們到大湖酒庄去！」我一下班回家，太太便跟我說。太太的明天指的是周休兩日的星期六。她的提議，必有其理，不能不從。第二天一早，我們一家便跳上車，踏上旅途。

大湖是純客家庄，現在去正可以採草莓，一家大小能夠享受田園之樂，累了可以泡泡湯，舒展筋骨，還可以到酒庄逛半小時、一小時以解「銷品」之欲。是北部都會人消磨一天假日的好去處。

這天風和日麗交通順暢，到大湖的預定行程，不消半日便完成了，下午我臨時起意走訪客家庄。

「大姊！拜問一下，這屋簷下弔弔等恁多麼介東西？」在一家農家門口，我對一位農婦好奇的發問。大姊耐心地將一包包寶貝用塑膠袋緊緊包著的蔬果種子，拿下來，一一介紹給我們。包括用牛糞敷在牆上，牛糞上塞滿冬瓜、瓠瓜和南瓜……種子，聽說這樣可以防蛀、可以長久保藏。她又跟我們

說：「好食毋留種，正來同人討到嘴腫。」小兒子說：「此話有深意，什麼意思？」這句俗諺是說：自家當季種植的瓜果菜蔬，如果瓜甜菜軟，就得把種子留起來，明年再種。免得種植蔬果的季節到了，才跟鄰居要種子，縱使你要破嘴皮，人家還不一定給呢！

現下，二十四節氣的大寒已過，立春即將到來。值此天寒風野時節，提起種苗，最最叫我不能忘懷的是陪爸爸選穀種、培育秧苗的種種⋯⋯

大家都知道，客家老古人言有一句：「秧好一半穀，妻好一半福。」道出秧苗好對農家的重要。

去年冬天，大家都記得十分清楚，村南的張伯伯收成最好，大家相賽來跟他換穀種。張伯伯人好，當然來者不拒。換好穀種，便是浸種，把換來的穀種，放進籮筐、置入水中。最好選擇未來幾天，天候將和暖的時節來浸種，穀種才發芽、成長得好。浸種期間，還得翻種，就是每天定時把籮筐中的穀子，內外翻攪均勻。待穀種發芽均勻，起了穀種就要播種了。

播種前，要將用水養（做好水田以待）半個月以上的水田，大約一公尺寬為一畦，分成數畦。再將這一畦畦秧床整地，客家人「稱做礦秧地」，接著便在畦上灑種。灑完後還要定期「淹（音 im⁵⁵）秧水，促進秧苗生長，等到秧苗長長約十公分長度，就得剷秧蒔田了。但因為此時天寒，為了秧苗能順利成長，農夫都要小心翼翼的，灑種前燒礱糠灰、灑種後灑礱糠灰，以為穀種保暖。

灑種的工作是繁複的，是辛苦的，但是俗話說：「辛勤灑種，必歡呼收割。」種田的農夫秉持這個信念，生活縱然辛苦，仍然持續的工作，代代相傳。

9

年近節到貨難賒

1. 無　錢　無　銀　難　當　家　，
mo^{11}　cien^{11}　mo^{11}　ngiun^{11}nan^{11}dong^{24}　ga^{24}

　年　近　節　到　貨　難　賒　。
ngien^{11}kiun^{24}zied^{2}　do^{55}　fo^{55}　nan^{11}　ca^{24}

2. 過　年　容　易　，　過　日　難　。
go^{55} ngien^{11} iong^{11} i^{55}　　go^{55} ngid^{2} nan^{11}

　　報紙上披露：台北市的年貨大街——迪化街的年貨，已然上市。每天湧入無數買年貨的人潮，年味濃起來了。

　　上迪化街買年貨，我也有好幾次經驗。對迪化街的南北乾貨，應有盡有，採購年貨的人潮，以排山倒海之勢，洶湧而來，留下深刻印象。

　　二十世紀末，台灣民眾富裕了，從買年貨就可以看出端倪。現在人買的年貨，不是烏魚子，便是乾肉、洋酒。這在三、四十年前的鄉下人家，是做夢也想不了的。

客家有一句古諺說：「無錢無銀難當家，年近節到貨難賒。」意思是說：荷包沒錢真是苦了當家的人，你可知道，年節到了買年節的貨品，人家是不給賒的！

從前農村社會，到底買些什麼年貨？要花那麼多的錢？新新人類知道嗎？

我還清楚記得，每逢過年，家家戶戶都要製作許多糕餅，做發糕(客話說發粄)期盼發財、做年糕(客話說甜粄)表示甜甜蜜蜜，一家團圓和樂、做蘿蔔糕……。做的糕餅越多，花用的米和糖越多，米自家生產的，不用花錢買，但是買糖是少不了的。過年要拜天、拜土地公、拜自家廳堂服侍的諸神諸佛、拜公廳的祖先……所以要準備很多很多牲醴果品、壽金炮竹等。這些除了家裡飼養有雞鴨，不必外求外，統統都是不可或缺的年貨。以我過去八口之家算，過年要買二十斤糖，買三十斤豬，這種花費是驚人的。小孩子穿新衣、著新鞋、戴新帽，是過去的一種年俗，所以為子女添置新衣物，也是一筆

可觀的消費。過去農村人家沒有年終獎金，所以過一個年，不知苦了多少當家的？因此感嘆道：「無錢無銀難當家，年近節到貨難賒。」可以理解吧！

近二、三十年來，台灣經濟起飛、工商發達，大家都有錢了。近來雖然聽說連年經濟不景氣，但大部分人家過年，頂多壓歲錢縮縮水，卻還不至於到達賒年貨的地步。但是想到，同樣是人，卻還有許多其他土地上的人們，還處在飢餓的邊緣，過著「過年容易，過日難」的日子，我們還是惜福才好。

日日通用

一領一剁，婚姻定著

1. 一　領　一　剁　婚　姻　定　著　。
id² ngam³¹ id² dog⁵ fun²⁴ im²⁴ tin⁵⁵ cog⁵

2. 人　毋　可　貌　相　，　海　水　毋　可　斗　量　。
ngin¹¹ m¹¹ ho³¹ mau⁵⁵ siong⁵⁵ hoi³¹ sui³¹ m¹¹ ho³¹ deu³¹ liong¹¹

3. 有　緣　千　里　來　相　會　，
iu²⁴ ien¹¹ cien²⁴ li²⁴ loi¹¹ siong²⁴ fi⁵⁵

　無　緣　對　面　不　相　逢　。
mo¹¹ ien¹¹ dui⁵⁵ mien⁵⁵ bud² siong²⁴ fung¹¹

從前有錢人家女子的婚姻，有拋繡球、擺擂臺比武、對對子比文才來決定的，聽說也有以男子的專長作為選婿條件的。

傳說以前有一個富家女招婿，富翁差人貼出告示：凡有專才者，某吉日良辰前來參加選婿大會。

吉日良辰一到，來了三位青年，第一位有一雙快腿，第二位是一個百發百中的神箭手，第三位是一個飽讀詩書的秀才。雖然富家女心屬那位秀才，但是父親的告示白紙黑

字，總不能食言而肥。於是這位準丈人出題道：「我聽說西天有布鼓，善跑者能跑到西天擊響布鼓；神箭手能用箭將門前三棵樹葉射光；秀才作成一百首七言絕句。午後四時之前誰先達成，女兒就許配給他。」

富翁話一說完，善跑者急忙往西天進發，半途巧遇神仙，神仙問他為什麼跑得這麼急？他將原委一五一十的說出來。神仙說：「我看你跑到天黑也跑不到西天，你還是回去吧！下午四時一到，我會替你擊響布鼓的。」時間過得好快，午後四時將到，神箭手只射光兩棵樹葉，秀才卻已作完九十九首詩，突然西天的布鼓聲響了起來，秀才嘆口氣寫到：「西天布鼓響謦謦，三頭樹葉兩頭空，阿妹同哥來磨墨，磨好墨來無採功。」善跑者得到神仙幫助，終於娶回美嬌娘。

聽說古時候，也有一位員外的獨生女，跑得很快的。到了適婚年齡還未婚配，員外想為他招一個女婿，想盡了許多辦法，最後決定有誰跑得比女兒快，就把女兒許配給他。員外選婿的日子到了，來了許多自認跑得很快的青年，員外說：「我的女兒先跑五步，誰先追上碰到她，女婿就是他。」

話剛說完，員外的千金便跑了出去，所有參加選婿的青年，爭先恐後的在後面使命追趕，這位小姐果真厲害，一溜煙，便把距離拉得遠遠的。小姐心想：「何不在路邊草叢藏起來，等我中意的人兒一經過，立即跑出來。」可是，小姐躲藏了半天，一直沒有心目中的白馬王子出現。這時忽有一個跛腳的青年，一顛一跛的跑來，口中念著：「一領一剎，婚姻定著。」小姐聽到這話，噗哧一笑，跛腳青年發現了小姐的行蹤，立刻迎上前去，她因此成了員外的女婿。

桌子不穩搖搖擺擺的，客家話說「一領一剎」，或說「領領剎剎」。這句客諺：「一領一剎，婚姻定著。」是說跛腳者走路不穩，婚姻卻穩定得很呢！它告訴我們，人要有自信，千萬不能因為自身有缺陷，就自暴自棄放棄努力呀！

2 人心節節高，有酒嫌無糟

1. 人 心 節 節 高 ， 有 酒 嫌 無 糟 。
ngin[11] sim[24] zied[2] zied[2] go[24] iu[24] ziu[31] hiam[11] mo[11] zo[24]

2. 人 心 不 足 蛇 吞 象 。
ngin[11] sim[24] bud[2] ziug[2] sa[11] tun[24] siong[55]

3. 人 心 一 般 般 ， 這 山 望 該 山 。
ngin[11] sim[24] id[2] ban[24] ban[24] ia[31] san[24] mong[55] ge[55] san[24]

這則客家古諺，背後隱藏著一個鮮為人知的故事。故事是這樣的：

從前，有一對窮苦的夫婦住在深山裡。有一天，老農夫上山工作，太陽很大，又沒有帶茶水，渴死了。於是走到山溝旁去找水喝，可是太久沒下雨了，山溝一片乾涸，老農夫失望的走著走著。「咦？那邊山壁不是有滴水聲嗎？」他三步併成兩步跑上前去！果然有水，不管三七二十一，雙膝跪在地上，斜仰著頭，張大嘴巴去接水喝，接了半天，接個三、五滴。「好清涼、好甘美。不對！這不是水，是酒！應該是酒！」

他趕快向四周偵望，就地摘下了月桃花苞薑的葉片，捲成喇叭狀，準備耐心的接起水滴來，還不到半杯，他等不及了，馬上一飲而盡。「嗯！是酒！是酒！而且是好酒。就這樣，直到天黑，醉醺醺的回家了。」

回到家來，老遠的酒氣已被太太聞到了，於是不經太太的責問，他便一五一十的把今天的奇遇告訴了她。當晚，夫婦倆商議已定，第二天一大早，兩個人提了個木桶，到得石壁前接起石縫淌出的酒來。日子一天天過去，家裏能裝酒的桶子都裝滿了，正在愁眉不展，不知如何是好的時候，老婦突然提議，何不拿到鎮上去賣？於是他們就這樣賣起酒來了，不必再辛苦工作，生活卻漸漸寬裕起來。

然而有一天，那老農婦突然不滿足的說：「好是好，可是有酒卻沒有糟（糟是釀酒後，過濾殘餘的酒粕）。」奇怪，自從她說了這話以後，到山上接酒時，接到的卻再也不是甘美無比的酒，變成一滴滴的清水了。

事情傳開以後，老夫婦賣酒的鎮上便流傳著這樣一句諺語：「人心節節高，有酒嫌無糟。」

3 人怕老來窮

1. 禾 怕 寒 露 風 ， 人 怕 老 來 窮 。
vo^{11}　pa^{55}　hon^{11}　lu^{55}　fung^{24}　　ngin^{11}　pa^{55}　lo^{31}　loi^{11}　kiung^{11}

2. 人 怕 老 ， 債 怕 討 。
ngin^{11}　pa^{55}　lo^{31}　　　zai^{55}　pa^{55}　to^{31}

　　俗話說：「禾怕寒露風、人怕老來窮。」

　　家鄉已經寒涼滿山了吧！今年寒露在十月八日，正值農家晚稻抽穗、朗花時候。如果這時天候一連幾天氣溫平均降至 22℃ 以下，就會造成晚稻空殼、瘸粒等現象，導致減產。因為降溫時一般都伴著吹偏北大風，我們叫「寒露風」。

　　寒露風是晚稻生育時期的主要天災之一。每年秋季寒露前後，如遇低溫危害，農夫幾個月來的辛勞，都將化為烏有。

　　俗話也說：「人害人肥脬（音 zud^2）脬，天害人一把骨。」意思是：人是害不了人的，天災害人才最悲慘哪！

　　因此，大家都知道：「天意不可違逆。」

五、六十年前，鄉里之間，有許多農家，耕種著幾畝看天意吃飯的「看天田」維生。時當民國四、五十年代，氣象預測不準（就是準又如何？）只有祈求天意隨人意了！也因此逢年過節、諸神聖誕、賣大豬還豬福……，凡要祭祀的時節，人們都要祈求上蒼、諸聖諸佛，保佑「風調雨順，國泰民安」。其實，他們所求不多——只是「賞大家一口飯吃！」

天意不可違，人事猶可盡。

人生百載，忽焉已過。我勸大家趁此青春年少，努力耕耘、儲備老本，在可知的未來，老了，有錢到金控公司信託，牽著老伴的手，大步踏進安養院，尋找新老友！有句話說：「有錢難買少年窮。」少壯可以窮，老大窮不得啊！

夜深人靜了，窗外傳來「小蜜蜂」的琴音，那不是隔壁剛上小學的小花練習鋼琴的聲音嗎？小花練彈到「春暖花開不做工，將來哪裡好過冬」時，一再錯誤，一再重複，是呀！「年輕力壯不努力，老來窮困誰人知？」難道這不是具有深義嗎？

4

人無理，講橫話；牛無力，拖橫耙

1. 人　無　理　，　講　橫　話　；
ngin^{11} mo^{11} li^{24}　　gong^{31}vang^{11} fa^{55}

牛　無　力　，　拖　橫　耙　。
ngiu^{11} mo^{11} lid^5　　to^{24}　vang^{11} pa^{11}

客家有句俗話說：「人無理，講橫話；牛無力，拖橫耙。」

這句話的意思是說：自知理虧的人，往往會為了替自己辯護，而說一些蠻橫不講理的話；就像力氣不夠大的牛，拖耙不動，不能按照農事的耙路行走，只好拖著耙在田裡胡亂橫行一般。

過去台灣還是農業社會的時候，農夫是辛苦的，但你有沒有想過，農家豢養的牛也是辛苦的。一到農忙時節，農人天天都要與大地為伍，牛當然也不能閒著。每一頭牛每季少說也要耕作上甲田地，從犁田、耙田到踏割耙、打磟碡……同一坵田，一遍一遍又一遍。倘若耕牛力氣不夠大，怎能擔負得起這般重任？

因此，當農家要買小牛來豢養，初始便十分謹慎，精挑細選，要挑個骨架寬大的、健壯的，將來長成了，才有力氣、才能擔負起耕田種地的責任。

「人無理，講橫話；牛無力，拖橫耙。」是富有很深厚的哲理的。

我曾親眼目睹一次兩車互撞的小車禍，一輛轎車在單行道上前進，在一個巷口前，突然和右側巷子疾駛出來，逆向而行的另一部廂型車對撞，只見兩位駕駛在馬路上吵成一團，吵了半天還互不相讓。我只聽到：「你逆向行車，撞了人家還要大小聲！」「我逆向行車，輪不到你管，誰叫你開那麼快！」

為了尊嚴、為了面子，因而迴護自己。這是人之常情；然而自知理虧，也要和人爭得臉紅脖子粗，終致蠻橫不講理起來，這又何苦來哉？古聖賢告誡我們：「人生在世，凡事要求『心安理得』。」自己無理還講一些橫話怎能心安呢？

不過我認為，與其說求「心安理得」，倒不如說「理得心安」，因為凡事必先求合理，而後才能心境安寧啊！

5

刀不磨不利，人不學不義

1. 刀　不　磨　不　利　，　人　不　學　不　義　。
   do²⁴　bud²　no¹¹　bud²　li⁵⁵　　ngin¹¹　bud²　hog⁵　bud²　ngi⁵⁵

2. 後　生　毋　肯　學　，　老　了　無　安　樂　。
   heu⁵⁵　sang²⁴　m¹¹　hen³¹　hog⁵　　lo³¹　e¹¹　mo¹¹　on²⁴　log⁵

3. 鑊　不　敲　不　鳴　，　人　不　學　不　靈　。
   vog⁵　bud²　kog⁵　bud²　min¹¹　　ngin¹¹　bud²　hog⁵　bud²　lin¹¹

客家老古人言：「刀不磨不利，人不學不義。」言簡而意賅。我生在佃農的家庭，虛歲六歲的那年，就跟鄰居的大哥哥，到田野割草餵牛。我依稀記得，年紀小拿不動大鐮刀，爸爸特別找一把，割稻用過的生鏽不用的小鐮刀，倒一盆水，蹲在磨刀石邊，使勁的磨過後，交給我，囑我小心，說刀很利。

還記得那時候，每逢過年過節，媽媽都要殺雞宰鴨。當要殺雞時，媽媽一定把我們小孩支開。後來長大了才知道，媽媽所以這麼做，是不讓我們小小心靈，烙印下殺牲的

殘酷印象。但媽媽越不讓我們看，我們越感神秘，躲在門後，從門縫裡偷瞧。每次都看到媽媽先拿起菜刀，在碗背後，來來回回的摩擦；然後放下刀，一手抓住雞頭，一手將雞脖子上的細毛拔開一道，再將菜刀拿起，在雞脖子上一劃，這時雞血汨汨流出，媽媽熟練的放下刀，拿碗過來接。

那時還小，媽媽的每一動作都差可理解，就是不懂為什麼，刀子要在碗背磨劃？漸漸長大，後來經常在廚房裡看見，媽媽切菜、切肉前，也會菜刀在碗背後摩擦。才慢慢了解刀不磨不利的道理！

「刀不磨不利，人不學也不義。」大家聽過見義勇為這句話吧，義是正正當當的行為，也就是做該做、當作的事。看見或知道了我該做的事，就該勇猛的去做，這就是見義勇為。一個人不學，怎能判斷什麼該做？什麼不該做呢？學校老師告訴同學：「坐車要讓座、行動不便的人過馬路要扶持……。以後同學遇到這類事，才懂得義不容辭的去

做。」

小學三年級時，一天我在《伊索寓言》裡，讀到一個故事：一隻鹿被獵人追得很急，轉個彎，躲進濃密的葡萄園裡。獵人趕過來，沒看見鹿，以為牠跑遠了，只好沿原路慢慢走回去。這時，鹿以為危險已過，忽感又餓又渴，於是齧起嫩嫩的葡萄藤來。那知獵人還沒走遠，聽到沙沙聲，回頭一看，發現了鹿蹤，擎起槍來，一槍將鹿打死。鹿在臨死前說：「我是該死的，我不該傷害救我性命的葡萄藤啊！」由此，人不可忘恩負義的道理，深深的埋藏在我心深處。

人不學不義，因為許多宇宙、人生隱微的道裡，是要經過學習，才能通達的。

只可惜，今天台灣的學校教育，太著重知識、技能的傳授，忽略對學子循循善誘做人的道理，所以有許多受過高深教育的人士，也多行不義哪！

6 刀砧日

1. 日 日 是 好 日 ， 時 時 是 好 時 。
ngid² ngid² he⁵⁵ ho³¹ ngid²　　sii¹¹ sii¹¹ he³¹ ho³¹ sii¹¹

「刀砧日」是忌用刀砧的，也就是屠夫、肉販等有用刀砧的特殊行業所忌諱。「刀砧」是一特定的日子，一年到頭有春天的「亥、子」日、夏天的「寅、卯」日、秋天的「巳、午」日、冬天的「申、酉」日等四天謂之刀砧。忌：伐木、牧養、納畜、搭建牛欄豬舍、雞棲、閹割六畜之類。其餘諸吉事則無妨，很多人都誤認為，逢「刀砧日」屬大凶，諸吉事都忌諱，是不正確的。

有個朋友的媳婦即將於元月二十七「刀砧日」剖腹生產，特別來與我商量。

媽媽非常在意，頻頻叫女兒不能在「刀砧日」開刀。說是老一輩的人以及老一代的師傅都對「刀砧日」很排斥。

從前，男女新婚，嫁娶的裁衣（做新衣服），該日不可犯「刀砧」，否則恐有不測的血光、瘟疫之災。也是過時的言論，你信不信呢？我以為「刀砧日」跟剖腹生產毫無關係，根本不會有任何影響，請放心。如：豬舍、雞棲、鴨寮、牛舍、羊舍……等等設施時，須要黃曆「伐木」的禁忌（刀砧日是指伐木、砍伐……等的意思）。

甚至，民國四十年代，有人做豬舍還特別選刀砧日開工的。他們說：「豬養大啦要供人宰殺，所以造豬舍要選刀砧日。」因此，不懂得「刀砧」真正涵義而胡亂解說的，真的是害人不淺哪！更何況，二十一世紀了，對當代人而言，應是「日日是好日，時時是好時」啊。

三介小郎叔三擔樵，一介小娘姑是非頭

1. 三　介　小　郎　叔　三　擔　樵　，
   sam²⁴　ge⁵⁵　seu³¹　long¹¹　sug²　sam²⁴　dam²⁴　ceu¹¹

   一　介　小　娘　姑　是　非　頭　。
   id²　ge⁵⁵　seu³¹ngiong¹¹gu²⁴　sii⁵⁵　fi²⁴　teu¹¹

2. 三　介　賴　兒　打　條　索　，
   sam²⁴　ge⁵⁵　lai⁵⁵　e³¹　da³¹　tiau¹¹　sog²

   毋　使　喊　外　腳　。
   m¹¹　sii³¹　ham²⁴ngoi⁵⁵giog²

　　前不久，陪侍母親聽客家採茶戲的錄音帶——姜安送米。

　　這齣戲的故事從姜安出世開端，說姜安還是襁褓的時候，父親為了賺錢養家，離鄉到縣城做生意。留下母親擔負起撫養他，兼侍奉婆婆的責任。一天，婆婆生日，雖然家貧，姜母心思細膩，還是特地煮了一碗長壽麵（客話說麵線卵），為婆婆祝壽。碰巧，貪吃成性的小姑回娘家，很想吃那碗長壽麵。姜母為了孝順婆婆，深怕辛苦張羅的「麵

線卵」被小姑吃了，所以騙她廚房裡還有一碗。結果，因為小姑沒吃到壽麵，懷恨在心。

本來姜母每天一大早，都習慣到溪邊取潔淨的水回家，給婆婆燒茶供佛。有一天，小姑又回來，趁嫂嫂不在，小姑偷偷的到牛屎窟提一桶髒水回來，謊騙她的母親，嫂嫂每天都提髒水供其禮佛。婆婆信以為真，待姜安父親做生意回家，得知此事便堅持要求她與媳婦離婚。

戲聽到這裡，母親說了一句話：「三介小郎叔三擔樵，一介小娘姑是非頭。」

從前，我們的社會還沒有使用瓦斯能源，家庭主婦要燒竹木薪柴。一天到晚，煮飯、燒菜、燒熱水洗澡、熬煮豬食……都仰賴乾的柴草。過年過節、喜慶團聚等日子，要炊製糕餅、辦理喜筵……所費柴杈益多。這些柴草全靠平日的積累，所以大嫂看到小叔一有空閒，便請其上山打柴。小叔們大都二話不說，便出門上山，所以說：「三介小郎叔三擔樵」，指三個小叔上山，一個人砍一擔樵回來便有三擔樵。

「一介小娘姑是非頭」，是說小姑常搬弄是非，是婆媳不合的根源。為什麼過去的為人小姑者，會被認為是婆媳不合的製造者？我曾問過許多長輩，大概離不開這樣的答案：過去客家社會重男輕女，女孩鮮有機會接受教育；加上客家人蟄居鄉曲，客家婦女大多一輩子沒有離開過自己生長的鄉間，心胸開闊、識見高超者並不多見。因為器量不足，有人因此睚眥必報，造成人們「小娘姑是非頭」的刻板印象。這個問題事涉敏感，以上鄉民之論，是否妥當？我實在不敢妄下斷語。

8　大漏漏毋長，細漏漏乾塘

1. 大　漏　漏　毋　長　，　細　漏　漏　乾　塘　。
tai^{55}　leu^{55}　leu^{55}　m^{11}　cong^{24}　　se^{55}　leu^{55}　leu^{55}　gon^{24}　tong^{11}

　　有一句客家老古人言：「大漏漏毋長，細漏漏乾塘。」話說得很簡潔，意義卻很深遠。

　　說起「大漏漏毋長，細（小）漏漏乾塘。」這句客家古諺，實有其地理背景在！如果你肯花時間，深入桃、竹、苗——這塊丘陵台地的原野村庄，你一定不難發現，這裡或阡陌縱橫、或梯田歷歷，一皆水塘處處，真是台灣的「千湖之國」。原來聚居這裡的客家子民，過去為了貯水灌田，開鑿了偌多的水塘。

　　「水塘」客家人叫做「埤塘」，又稱「魚塘」。為什麼呢？因為水塘除了貯水灌溉之外，勤儉的客家人，還在塘中放些魚苗，利用農隙（農隙，客話說工頭工尾）採集草料、飼養起魚兒來。年頭歲尾，既可釣來自家食用，又可捕來賣錢，所以自然就有「魚塘」的稱呼了。

　　水塘為了貯水灌溉，當然要在水塘底部，鑿一涵洞，叫做「塘涵」，平時用木塞（塘塞）塞住，到了天旱時，打開塘塞，引水灌田。過去，沒有混凝土涵管之前，塘涵是

用陶土燒製的。這種涵管有一個缺點：受到塘駁的擠壓，容易破損。一旦破損，或因塘塞的開開關關出了問題，塘水便會滲漏。如果漏得厲害，一看便知，事關緊急，必須立即放下一切工作趕緊搶修。因此，它必定不會漏得太多、太長，萬一漏水漏得不多，一來不易察覺，不知補救，或者有其他農事要忙而疏忽、懈怠，最後塘水可能漏得精光。

如果人生是個水塘，那犯大錯就像塘水大漏一般，小疏忽正像水塘小漏一樣。我那個年代，小學畢業有升學考試，五、六年級時惡補得厲害，我有一個同學，惡補有功，以優異的成績考上縣城的明星高中。然上了初中，少了老師在旁嚴厲的督促，漸漸怠惰而不知用功。一年級下學期的一次段考，因為考前沒有準備充分，又怕考不好而受到父母、師長的責難，他顧不得嚴厲的校規而作了弊。結果被監考老師逮到，送到訓導處記大過，回家父親責打、母親勸誡。這位同學經過這次教訓，痛改前非，勵志用功。從此，成績突飛猛進，平步青雲，最後拿到了工學院的博士學位，受聘為大學的教授。

還有一位朋友，平時有輕微的頭疼，不以為意。五年後，因為頭部經常劇痛，醫生檢查結果，腦部的惡性腫瘤已經擴散，開刀半年後，以四十多歲的英年，撒手人寰。

以上兩件筆者親歷的事，告訴我們：人生不能輕忽小痛、小過、小毛病。也正應驗客家「**大漏漏毋長，細漏漏乾塘**」的古訓。

9　山上鷓鴣羌，海肚馬迦鯧

1. 山　上　鷓　鴣　羌　，　　海　肚　馬　迦　鯧　。
san²⁴ hong⁵⁵ za⁵⁵ gu²⁴ giong²⁴　　hai³¹ du³¹ ma³¹ ga²⁴ ciong²⁴

有一次，我們全家到花蓮遊歷。第二天傍晚，接待我們的朋友，帶我們來到一個山村，在一家不怎麼起眼的山產店坐定，生意可好得很。果然，越晚人越來越多，真是「座上客常滿，杯中酒不空」。

原來聽說這家山產店所賣山產：山豬、山羌、雉雞……。有一些住在山區的民眾源源不斷的供應，非常新鮮，加上廚師廚藝又好、價錢公道，自然高朋滿座，賺進鈔票無數。

我沒看過山羌，也不知道山羌長得怎樣？朋友說：「山羌是既像鹿又像羊卻不長角的動物，嘴尖腿短，毛色紅褐。」

小山羌有點像時下許多養狗人家喜愛的「馬爾吉斯」狗，大的有二、三十斤重。羌肉細嫩，嫩而不爛所以好吃。那時，環保呼聲還沒那麼響，我的環保意識還沒萌芽，因此，當晚我大啖了山羌。

客家話有一句俚語：「山上鷓鴣羌，海肚馬迦鯧。」是說山產以鷓鴣、山羌味

最美；海鮮則以馬迦魚和鯧魚最可口。

難忘花蓮之夜，我們沒有吃鷓鴣，我也沒有看過鷓鴣，只知鷓鴣是古詩詞中的要角，杜牧越中詩：「石城花暖鷓鴣飛，征客春帆秋不歸。」是寓情於景之作。聽說鷓鴣鳥，肉似土雞而細，燉煮其湯清甜，鮮美無比。

海產類的馬迦魚，我沒有親睹過。小時候吃過馬迦鹹魚，卻不知牠長得怎麼樣？家鄉有一句俗語說：「窮人毋知死，買魚食了米。」窮苦的年歲，媽媽買馬迦鹹魚是一段一段買的，所以雖吃過馬迦，卻不知其長相。

馬迦魚為何好吃？我也說不上來，只知道小時候，用筷子夾手指頭一丁點鹹魚，便要配好幾大口飯，那一頓飯，鐵定不夠吃。您說，窮人買魚吃，是不是不知死活？

鯧魚，在魚撈技術沒有改良之前，因為稀少，所以昂貴。現在可不同了，魚獲量多，魚市場上的鯧魚，一年到頭從不缺貨。鯧魚，體型扁扁的，外表銀色的叫白鯧，灰黑的叫烏鯧。由於牠肉多刺少，煎蒸紅燒，肉味鮮美。先民的品味是不會錯的。

時代不同了，山上的保育類野生動物，我們不但不能傷害牠，需要保護牠，否則觸犯法令，可要罰錢坐牢！至於海中的魚類，大多取之不盡用之不竭，加上營養專家，力勸大家多食用魚肉，對身體有益。所以今天吃海味馬迦、鯧魚，品山珍鷓鴣、羌則期期不可。

山精毋識鹿，楊桃話磟碡

1. 山　精　毋　識　鹿　，　楊　桃　話　磟　碡　。
san^{24}　zin^{24}　m^{11}　siid^{2}　lug^{5}　　iong^{11}　to^{11}　va^{55}　lug^{5}　cug^{5}

2. 山　精　山　角　落　，　新　衫　底　下　著　。
san^{24}　zin^{24}　san^{24}　gog^{2}　log^{2}　　sin^{24}　sam^{24}　dai^{31}　ha^{24}　zog^{2}

　　客家有句俗諺，很有意思：「山精毋識鹿，楊桃話磟碡，乳姑料到蚊叨□（音pug^{5}）。」

　　鹿，是一種秉性溫馴的草食性動物。聽先鄉輩說，五、六十年前，筆者家鄉苗栗山區猶可見鹿蹤。客家人盤據山區，理應對鹿有深刻的了解，有句話說：「毋識（不曾）看馬行，也識看馬腳跡。」難怪會發出「毋識鹿」者為「山精」（客家人說反語，稱一個沒有見過世面的人為山精）。

　　磟碡是從前平田的工具，外表有觚稜，形狀酷似楊桃。它不同楊桃的地方是：比較大也比較長，縱長約六尺，徑大約一尺，套在長方形的木架中，縱心有轉軸，便於旋轉；而且楊桃五稜，磟碡多為七瓣。用牛拖行於水田，農夫跟在後頭，或站立在木架橫的腳踏枋上，用來壓田土使其破爛，然後平之以利插秧的農具。

　　聽說磟碡有石質、木質之別，但台灣在農耕機械化之前，多用木頭為之。客家庄有

一個同年（同年，指同年出生的好朋友）的傳說：為同年「刻（製作）礐磜」，一心顧念友情，多刻了一瓣送給他。結果使用起來，非常費力，因為稜片雙數（八稜）的礐磜不利旋轉的緣故。

礐磜是過去農業社會中，十分常見的器物，所以只有沒有見過世面的山精，才會誤楊桃為礐磜了。

再說，山區的衛生條件，本來就比較差，昔日尤甚。客家先民，卜居山間，除了為吃穿勤苦以外，還得對抗蛇虺蚊蚋的侵擾。

有過山居經驗的人們，都有被蚊子叮咬的痛苦記憶，除了捐血以外，皮膚發癢、紅腫亦不可免，這紅腫的皮膚，狀似人們的乳房。山精毋識鹿、楊桃說是礐磜，還情有可原，離譜的是，沒有見過世面的人，當真會將「乳姑」（客話稱乳房為乳姑）當成「蚊叨□（音 pug⁵）」！

※ 蚊叨□（音 pug⁵），是指被蚊子叮咬後，留下紅腫高凸的包。

二十世紀末，人類社會已然進入電腦世界，人類生活勢將被電腦網路主宰。新人類、新新人類，心中只有電腦、上網，早已四體不勤、五穀不分了。不識鹿，不辨礐磜，已不足為奇。更遑論其他草木蟲魚鳥獸，以及那些舊時代，人們賴以維生的器物！

11 台頂三分鐘，台下十年功

1. 台 頂 三 分 鐘 ， 台 下 十 年 功 。
tai[11] dang[31] sam[24] fun[24] zung[24]　　tai[11] ha[24] siib[5] ngien[11] gung[24]

2. 台 頂 三 五 步 ， 行 盡 天 下 路 。
tai[11] dang[31] sam[24] ng[31] pu[55]　　hang[11] cin[55] tien[24] ha[55] lu[55]

3. 功 夫 到 家 ， 石 頭 開 花 。
gung[24] fu[24] do[55] ga[24]　　sad[5] teu[11] koi[24] fa[24]

　　幾年前，在英格蘭一個濕冷的午夜，亨登公園戶外擂台，近兩萬拳擊迷等著欣賞，全世界重量級拳王泰森的拳賽。不料他只花了三十八秒鐘，就擺平了對手沙瓦雷西，輕鬆賺進八百萬美元，大約新台幣兩億五千萬元，平均每秒鐘賺新台幣六百五十萬元。

　　比賽結束後，記者問：「何時與劉易士大對決？」拳王泰森不慌不忙的回答：「我要做更多更密集的訓練，包括我的體能和技術。」

　　客家話說：「台頂三分鐘，台下十年

功。」仔細想來，還滿有道理的。泰森已然是拳王了，為了比賽還要做更多更密集的訓練，何況是我們這些凡夫俗子呢！

比賽的運動項目都是要靠練習的，前不久，莊智淵和陳建安搭檔，在世界桌球錦標賽男雙得到金牌，大家看到的是他們的得獎，何等榮耀，但有幾人能體會他們「台下十年」練球的辛酸。莊智淵說：「父母是我私人的教練，我從小每天練球最少八小時。有時晚上睡不著，還會起來練球。先前曾在左營國家訓練中心，練到忘記時間，成為最後離開的鎖門人。」陳建安先天有扁平足和過動症的困擾，從小便像勁量電池般的好動，他說：「為了超越自己，我一年 365 天都在練球，過年也不例外。」原來莊智淵和陳建安是這般先辛勤灑種，才有今日的收割。

參加素有麵包界奧林匹亞的「樂斯福盃麵包大賽（Coupe Louise Lesaffre）」奪下世界銀牌，摘下世界大賽光榮桂冠的吳寶春，是屏東縣內埔鄉龍泉村人，因生來個子小，被師傅暱稱為「細漢仔」。每天清晨三點起床，晚上九點收工，睡眼惺忪的爬起來後，開始把前一晚整理好的數百個蔥花、波蘿麵包發酵、擺盤。啟蒙師傅張金福回憶，吳寶春每件事都會撿來做，搬鐵板、削馬鈴薯、切蔥、備料，各種打雜他都肯做。當其他人下班後要去玩、交女朋友，他卻每天留下來，用剩下的一小塊麵糰，開始自己練習揉麵糰、搓麵包。

莊智淵、陳建安兩人勤苦的練球，還有吳寶春的例子，給「台頂三分鐘，台下十年功」這句俗諺，平添一個鮮活的註腳。

12 打鯉母

1. 打 鯉 母 ， 請 親 家 。
　da³¹　li²⁴　ma¹¹　　ciang³¹　cin²⁴　ga²⁴

「打鯉母」這個客家話詞彙，有兩層含義：一是捕捉鯉魚；二來比喻小孩尿床。

客話「打」字，殊多用意，在這裡是「捕捉」的意思；至於「鯉母」一詞，有人說：「『母』是母性，『鯉母』即指的鯉魚，因為母鯉特別肥美，所以將鯉魚稱為『鯉母』。」我反對這種說法，「母」應只是附加的詞尾，並無雌性的意義，就像客話稱「蛇」為「蛇哥」、叫「蚯蚓」為「蟮公」、大碗叫「碗公」、水瓢叫「勺母」一般。

客家人的勤勞是舉世聞名的，往昔的農村，客家婦女是閒不下來的，常於「田頭地尾」，在「田唇林角」，掘一小方地，植兩行蕃薯；再利用「灶頭鑊尾」，剁一擔豬菜，潷一大鑊蕃薯，養兩三條豬，以揀家人飲食之餘。男人又何嘗例外，他們在水源處，挖一口水塘，平時蓄水以備乾旱；此外在池中放養一些鯉、草魚等魚仔，利用上工之前放工之後，採割一些山芎蕉葉或其他野草餵食。等到豬大魚肥，便可為這一「耕讀之家」增添些許財富。

捕捉鯉魚的節令一到，三、四個大人拿著網罟，到了池邊，兩人牽著大網，沿著池的兩旁，把魚群趕至池塘的一個小角落，另外一人拿起罩子，挑肥大的「鯉母」，一舉撈起，放入桶中，提回家門前的曬穀場上，拿起桿秤，稱一稱這一年辛勞的代價。結果弄得滿地溼答答的，像極了稚齡兒童尿溼床鋪的情狀。因此「打鯉母」自然而然地成了「孩子尿床」的代稱。

　　「捕捉鯉魚」的經驗是喜悅的；「孩子尿床」的滋味是不愉快的。「打鯉母」一辭，卻把「尿床」的尷尬含蓄化了，客話真有意思！

13

地愛日日掃

1. 地 愛 日 日 掃 ， 田 愛 日 日 到 。
ti⁵⁵ oi⁵⁵ ngid² ngid² so⁵⁵ tien¹¹ oi⁵⁵ ngid² ngid² do⁵⁵

去年冬天的一個星期日，外頭飄著冷雨。

難得全家聚在一起，吃過早點，大家圍坐在茶几邊看報紙、說地談天，好一幅天倫樂。老妻突然來個建議：全家動員掃除。她像連珠炮似的：「阿大掃地，阿小整理茶几、洗地板鞋，阿爸洗兩間浴室，我負責拖地。」

半晌，她看大家沒有動靜，便放開喉嚨：「阿大！要你掃地，聽到了沒有？」阿大回說：「地還那麼乾淨，為什麼要掃？」家裡的空氣忽地凝重起來。這時坐在藤椅上的阿婆出來打圓場，說：「阿大乖！聽媽的話，去掃地，我們客家人有句話說：『地愛日日掃，田愛日日到。』」

這句話讓我掉入從前。想當年，我也和阿大一樣，「地很乾淨為什麼要掃？」同樣的場景，不同的是我的祖母對我說：「地愛日日掃，田愛日日到。」那時候，對為什麼「地愛日日掃，田愛日日到。」我根本不懂。

那時候，父親種田是何等辛勤哪。我從來不知道他是什麼時候起床的，只知道自己十次有九次被他：「啄─咯咯咯！啄─咯咯咯」招邀雞鴨，吃他剛從稻田裡捕撈回來最新鮮的禾蟲聲所吵醒的。起床後，看到禾埕的一角，堆上一堆蠕動著的各式各樣的青蟲，摻雜著飽含露水的殘缺不全的禾葉。那年頭，當農夫是要備嘗艱辛的，不管颱風、下雨，秧剛插完，第二天起，早晚都得到田裡巡田水，直到收割的前一天。秧苗長大長高了，又得「撈禾蟲」，天天撈，直到稻禾做胎（含苞）、抽穗前，從不間斷。除此之外，還要施肥、除草、灑農藥……田如果不日日到，那有「粒粒皆辛苦」的盤中飧？

今天，「乃覺三十年」的我，確實明白了，地還很乾淨為什麼要掃？也體會出「田日日到」正是由「地日日掃」所修持得來的功夫。因為好逸惡勞是人的天性，能不掃地，誰不高興落得輕鬆？但是你可知道，怠惰就從這一天不掃地當中，悄悄的像鎖鏈般纏繞著你，你想逃躲也逃躲不了啊！所以我說一個人勤勞、有恆的作為正由天天掃地中鍛鍊得來的！朋友，你想勤勞有恆嗎？你想成功立業嗎？讓我們從天天掃地做起吧！

14

成毋成，兩三行

1. 成 毋 成 ， 兩 三 行 。
sang¹¹ m¹¹ sang¹¹　liong³¹ sam²⁴ hang¹¹

2. 揀 親 不 如 擇 媒 。
gien³¹ cin²⁴ bud² i¹¹ tog⁵ moi¹¹

　　傳統的男婚女嫁，大多憑媒六禮；自由戀愛在台灣保守的客家村庄，大概要到四、五十年前（一九五零）才萌芽。

　　從前，女子長大成年，父母尊長便會請託鄉中的「先生大人」（書香世家），將女子生辰八字，用大紅紙寫成「庚書」（也稱「婚書帖」）。例如：「坤造涂姓己丑年二月初十寅時瑞生」，總共十六個字，有人說這是世世（四四）相合的意思。

　　然後請媒人搓合，媒人當然要非常注意門當戶對。一經選擇，回報了對象，女方父母兄長，便私下到男方的左鄰右舍探訪，叫「邏家們」。

　　「邏家們」之後如果女方沒有異議，會把寫就的庚書交給媒人。媒人再把女方交來庚書送至男家，男家接獲女子庚書，供放在神桌上，點燃香燭稟告祖先，經過三天，如果家中沒有發生不吉利的事（客話說「缺

角」），諸如：官司、盜竊、家人口角、生病、打破碗盤……等，則請算命先生推算男、女主角的生辰八字，看是否匹配，這叫做「合婚」。相反的，如果這三天內家裡發生了不吉利的事，便以為不祥，只好退回「庚書」了事。

「合婚」之後，又有「看親」的習俗，男方家長及親友數人（成雙），由媒人陪同，選擇（雙數）日到女方家，女主角要自房間中盛裝出來遞菸、端茶，雙方藉此互相觀察對方的相貌及儀態。

為了仔細觀察女子的舉止容貌，男方有透過媒人，要求女子再遞菸、端茶一次的。也有傳說男主角如長相不出眾，以兄弟「假包」頂替的，媒人為了促成婚姻，雖明知卻不點出真相。有一句俗話說：「**揀親不如擇媒**。」意思是憑媒六禮的婚姻，要自己去挑選一門好的新親戚是不容易的，倒不如找個良媒來得要緊。

等女主角出來回收茶杯時，男方看親者都要準備紅包，「磧（壓）茶盤」。聽說男主角的父親會準備大、小兩個紅包，如果滿意就給大紅包，否則給小紅包。

看親之後，如果雙方納意，才進一步論及婚嫁。經媒人一再傳話，談成親的條件，女方要求男方的聘金，男方要求女方的嫁妝。如果條件談成了，男方才擇定吉日良辰訂婚，否則也就功虧一簣。

有句俗話說：「**成毋成，兩三行**（來回奔波）。」就是說明媒人在傳統婚俗中，扮演角色的吃重。時至今日，婚姻大事都由男、女主角決定一切，媒人則商請親友中德高望重者為之，客家人稱做「便（現成）媒人」，「便媒人」已經不用「兩三行」那麼辛苦了。

15

扛轎會變仙

1. 食菸 有 可 飽 ， 打 屁 可 肥 田 。
siid² ien²⁴ iu²⁴ ho³¹ bau³¹　　da³¹ pi³¹ ho³¹ pi¹¹ tien¹¹

燒 香 有 保 護 ， 燒 窯 毋 較 大 煙 。
seu²⁴ hiong²⁴ iu²⁴ bo³¹ fu⁵⁵　　seu²⁴ ieu¹¹ m¹¹ ka⁵⁵ tai⁵⁵ ien²⁴

食 齋 有 道 得 ， 黃 牛 就 會 上 西 天 。
siid⁵ zai²⁴ iu²⁴ do⁵⁵ ded²　　vong¹¹ ngiu¹¹ ciu⁵⁵ voi⁵⁵ song²⁴ si²⁴ tien¹¹

鋪 橋 施 路 有 功 德 ， 扛 轎 會 變 仙 。
Pu²⁴ kieu¹¹ sii⁵⁵ lu⁵⁵ iu²⁴ gung²⁴ded²　　gon²⁴ kieu³³ voi⁵⁵ bien³¹ sien²⁴

食菸有可飽，打屁可肥田。燒香有保護，燒窯毋較大煙。

食齋有道得，黃牛就會上西天。鋪橋施路有功德，扛轎會變仙。

小時候，初聽這則諺語，覺得它很美、很有意思，滿喜歡的，覺得它美。因為唸起來順口很「搭句」（諧調）。至於感覺它有意思，則緣於那時候有太多不喜歡：不喜歡爸爸抽菸，不喜歡早晚為神明換茶點香，不喜歡齋戒的日子吃齋茹素。

記得當年，抽菸是爸爸唯一的嗜好，但在窮苦的家庭、艱困的歲月，爸爸不但只抽得起最便宜的「嘉禾」、「香蕉」牌香菸，還經常有一包沒一包的。我曾不只一次目睹父親撿拾別人丟棄的菸屁股，撕開、取其菸絲，用日誌（曆）紙辛苦的包捲，以解菸癮。我不喜歡爸爸抽菸，是他菸癮來時的寒酸。因此拿「食菸有可飽，打屁可肥田」來勸他戒菸，是最具說服力了。

那時候，我們客家農村，幾乎家家戶戶都要服侍神明、供奉祖先。放神桌的那扇牆上掛著觀音佛祖及其他諸神的畫像，還擺設祖宗神牌於旁。每天早晚必須更換神茶、點香膜拜，以祈求神明保佑平安。父母上山、下田張羅吃喝，所以點香奉茶的例行公事，便落在我的身上。神桌很高，我的個子很矮，拜神之後踮起腳跟也無法將香插入香爐，所以點香之前，必須搬張長凳，用來墊高身體以便插香，才能完成拜神的儀式，我實在厭煩這種焚香拜神的煩瑣。此外，每逢農曆初一、十五，年節祀典等齋戒的日子，

吃的是白水白潒的蔬菜，沾點鹽水醬油，一點油腥也無。平日三餐已是咬薑輟醋，一旦茹素三餐甚或三天，真不能忍受，卻不敢直說。這時聽到「燒香有保護，燒窯毋較大煙；食齋有道得，黃牛就會上西天」的諺語，便覺深獲我心。

現在重溫兒時琅琅上口的諺語，更覺得它美、有意思，不過卻已跳脫了昔日膚淺的體會。原來，這則諺語還具有音韻之美。諺語共分四句，每句末尾田、煙、天、仙四字，同屬下平聲先韻，難怪朗誦起來那麼諧適。同時，四句都巧妙的運用譬喻、倒反等修辭，陳述了客家先民的現實（辛勤種田）與理想（死後成仙）。韻腳「田、煙、天、仙」四字，是元類的字；據劉師培「正名隅論」所說：「元」類之字，多有「抽引上穿」及「聯引」的意思。所以田、煙、天、仙自然給人遼闊曠遠的聯想。這說明了從前客家的莊稼漢，終年在廣袤的田園裡勞苦，任真自得，素樸無爭，如果說要有一點什麼期盼，那就是遙想死後成仙與通往西天極樂世界吧！

這則諺語，粗看似乎不相聯屬，然仔細推敲，正是一個貧窮農夫的自述：一天黃昏，在田園裡工作了一天也累了，於是放下農具，想抽根菸，伸手向口袋一掏，才發覺菸絡仔（菸盒）扁扁的一根菸也沒有，只好將菸盒紙揉成一團，順手一拋，喃喃自語道：「食菸有可飽，打屁可肥田。」用來自我安慰一番。

不久天黑了，回到家，走到牛欄把牛栓了，再把鋤頭往屋簷下的牆上一掛，舀一勺水倒進臉盆裡，洗一把臉，走入客廳，在神桌前，摸黑找到一盒火柴，劃了兩下點亮了油盞，正想點香拜神，才想起最後一枝香已在早晨點完了，於是嘆口氣說：「燒香有保護，燒窯毋較大煙。」這時坐在門檻上等待晚餐，心生悠然遠想：「今生窮困貧賤，只有盼望來世成仙。」他暗自期許，明天又是初一了，今後初一、十五，食齋一定要食得清淨些才對，忽地，幾隻蚊子飛臨，用力一拍，滿掌是血。

「阿彌陀佛。」心念一轉，說道：「假如單憑食齋茹素便能得道成仙，那麼那頭牛欄裡的畜牲，一輩子只吃青草，死後豈不是登上西天極樂世界？這未免太荒謬了！」所以自覺：「單靠食齋是不夠的，還應積極的行善，多多鋪橋施路以積陰德。」然而仔細想想：「這也不確，假如鋪橋施路以利民行，便有功德，那麼每天以扛轎為業的轎夫，豈不個個都成仙了嗎？」思索良久，終於頓悟：「若要神明保佑，若想積功德以得道成仙，唯有『一片誠心向神明』。」

客家人歷經長期多次的遷徙，遭遇無數困頓與險阻，除了練就一身不屈不撓的堅毅性格外，對於神靈信仰，也有一種獨到的看法。譬如中國民俗得敬拜土地神，客家人不拜偶像，只有「福德正神」四個字的神牌，完全將神靈抽象化，這要歸因於客家族群敬神唯誠的信仰觀念。再說客家人敬神祭祖每一個香爐神位只拜一枝香，強調「一枝才是清香」的道理；燒紙錢也不在多，只要真誠，薄薄一疊，勝過無誠心的千堆萬疊。由

此事實，不難窺探客家人的口頭禪「心誠毋使齋」的真理。也因此更可了解這則諺語：「食菸有可飽，打屁可肥田。燒香有保護，燒窯毋較大煙。食齋有道得，黃牛就會上西天。鋪橋施路有功德，扛轎會變仙。」的真實底蘊，以及所謂「行善不欲人知」的高尚境界。

16

早冇三朝當一工

1. 早　冇　三　朝　當　一　工　，
zo^{31}　hong^{55}　sam^{24}　zeu^{11}　dong^{55}　id^2　gung^{24}

早　冇　三　年　當　一　冬　。
zo^{31}　hong^{55}　sam^{24}ngien^{11}dong^{55}　id^2　dung^{24}

2. 旱　地　改　水　田　，　一　年　當　三　年　。
hon^{24}　ti^{55}　goi^{31}　sui^{31}　tien^{11}　　id^2　ngien^{11}dong^{55}sam^{24}ngien^{11}

　　客家人有一句諺語說：「早冇三朝當一工，早冇三年當一冬。」我覺得這句諺語不只是一種生活的體驗，更是一種生活的淬鍊。

　　我出生在台灣光復的初期，那是一個：「勞動不一定有飯吃，但不勞動絕對沒有飯吃」的年代。父母平常天濛濛亮便起床，漱洗後，父親扛著鋤頭、提著蟲撈，到田裡巡田水、撈禾蟲……母親則先到菜園澆菜、到河邊洗衣服，再回家做早餐；我記得一年到頭早飯都是早上六點前後吃的。一到了農忙時期，他們更早了，每每清晨三、四點就

起來，父親一手擎著火把、一手牽著牛、肩上還要扛著犁耙，到了田裡，火把往田塍一插，掛好牛軛，便「嘿去去、嘿去去……」的耕作起來。母親也有一天到晚忙不完的事兒，清閒不得，除了洗衣燒飯、在菜園裡忙之外，還要割草餵牛、挖田角、劈除田坎草……早起可以多幹一點活兒。我們小孩比較好命，也一定在五點半左右醒來，否則也會被媽媽喊醒，漱洗、點香、換神茶、掃地、餵雞鴨……之後，再吃早飯、上學。

我曾看過客籍作家鍾鐵民先生，寫懷念他父親的文章，他說他父親如何要他生活嚴謹，比如早起，一定在六點以前，起床後有許多家務事要做，做完才能上學。碰到冬天的假日，都不許賴在被窩裡多睡片刻，連有這種想法都不成，那是會遭父親一頓痛罵的……想想我的父親雖然沒有這般嚴厲，我們卻也從小養成了早睡早起的習慣，這對我日後的為學處事，都有很深的影響。

寫到這裡，我忽然想到現代人常用「早起的鳥兒有蟲吃」，來勸導大家勤奮早起，可能已經過時了；因為現代人不但不愁沒東西吃，還擔心因為吃太多發胖，因而活不長命呢！那麼用「早亢三朝當一工，早亢三年當一冬。」來告誡世界上的懶人：早起三天等於多活一天，早起三年等於多活一年，更具積極的意義吧！

17

有力黃金土，無力荒草埔

1. 有 力 黃 金 土 ， 無 力 荒 草 埔 。
iu²⁴ lid⁵ vong¹¹gim²⁴ tu³¹   mo¹¹ lid⁵ fong²⁴ co³¹ pu²⁴

2. 有 心 耕 田 無 心 挲 ，
iu²⁴ sim²⁴ gang²⁴ tien¹¹ mo¹¹ sim²⁴ so²⁴

   怪 得 稗 兒 靚 過 禾 。
guai⁵⁵ ded² pai⁵⁵ e³¹ ziang²⁴ go⁵⁵ vo¹¹

3. 有 心 打 石 石 成 磚 ，
iu²⁴ sim²⁴ da³¹ sad⁵ sad⁵ siin¹¹ zong²⁴

   無 心 打 井 井 無 泉 。
mo¹¹ sim²⁴ da³¹ ziang³¹ziang³¹ mo¹¹ cien¹¹

有句客家諺語：「有力黃金土，無力荒草埔。」意思是：人如果勤奮努力，土地便能生出黃金來；假如你懶怠不努力，那麼土地就要變成荒草埔了。這使我想起小時候聽過古希臘「老農夫和三個兒子」的故事。

從前，希臘鄉下住了一個老農夫，他有三個很懶的孩子。老農夫每天看著三個不長進的孩子，心裡十分難過，常常教訓他們：「你們也不去看看，葡萄園都荒蕪了，還不去除草、施肥！」

不管老農夫說好說歹、費盡唇舌，三個高大壯碩的兒子仍舊我行我素，一天到晚吃喝玩樂，把父親的話當耳邊風。老農夫終因兒子不肯幫忙農事、分憂解勞而積勞成疾，病倒在床上。

一天，躺在病床上的老農夫，恍惚中知道自己大限到了，但一心仍牽掛著，三個好吃懶做的兒子，和自己辛苦創立的產業。於是，把三個兒子叫到床前，說：「爸爸辛苦一輩子，積蓄了一點金子，因為沒有地方存放，所以把它埋在葡萄園裡，現在我不能動了，你們自己去找吧！」話剛說完，老農夫便過世了。

三兄弟為父親辦完喪事，便急忙拿起鋤頭，來到葡萄園裡。大哥說：「我們要同心合力，希望能很快挖到金子！」於是，兄弟三人便從來沒有這麼努力過。

第一天天黑了，他們沒挖到金子。第二天、第三天過去了，仍然沒挖到，可是他們並不灰心，繼續挖。然而，他們一直辛苦的挖遍了整個葡萄園，最後卻還是沒有找到他們所要的金子。

二哥說：「父親生平做事謹慎，一定把金子埋到很深的土裡，我們再仔細的挖一遍吧！」兄弟三人放慢速度，把土挖深。

就這樣，花了兩個月的時間，葡萄園挖了兩遍。但很令他們失望，並沒有看到金子

的影子。不過，葡萄園經過他們努力的挖土兩遍，結實纍纍起來。葡萄成熟了，顆粒又大又甜。三兄弟看著茂盛的葡萄園，大哥喃喃的說：「我想，父親留給我們的，不是什麼金子，而是這些葡萄吧！」「對！對！」二弟、三弟應和著。

從此，兄弟三人勤奮起來，過著愉快的日子。由此可見，客家諺語：「有力黃金土，無力荒草埔。」誠非虛言。

有妹莫嫁銅鑼圈，食一擔水愛一晝邊

1. 有　妹　莫　嫁　銅　鑼　圈　，
   iu^{24}　moi^{55}　mog^5　ga^{55}　tung^{11}　lo^{11}　kien^{24}

   食　一　擔　水　愛　一　晝　邊　。
   siid^5　id^2　dam^{24}　sui^{31}　oi^{55}　id^2　zu^{55}　bien^{24}

2. 有　妹　莫　嫁　竹　頭　背　，
   iu^{24}　moi^{55}　mog^5　ga^{55}　zug^2　teu^{11}　boi^{55}

   毋　是　蕃　薯　就　豬　菜　。
   m^{11}　he^{55}　fan^{24}　su^{11}　ciu^{55}　zu^{24}　coi^{55}

3. 有　妹　莫　嫁　大　崎　下　，
   iu^{24}　moi^{55}　mog^5　ga^{55}　tai^{55}　gia^{55}　ha^{24}

   一　出　柵　門　菸　頭　下　。
   id^2　cud^2　cag^5　mun^{11}　ien^{24}　teu^{11}　ha^{24}

桃園龍潭早年是很純的客家鄉，這裡流傳一句客家諺語「有妹莫嫁銅鑼圈，食一擔水愛一晝邊。」意思是：嫁女兒別嫁到銅鑼圈，到溪邊挑一擔水，要花一上午（或一下午）的時間。

銅鑼圈是位在距離龍潭街上南邊三公里左右的台地。這裡地勢高聳平坦，成一圓弧型，形狀像似一面銅鑼，所以命名。

人是離不開水而生存的，人類歷史上的文明，哪個不產生在長江大河邊？因此，從前僻居鄉曲的客家先民，街區多鑿井而飲或取用河水；山居人家，則常用竹笕探（引）水，或到山坑小溪挑水飲用。銅鑼圈台地海拔三百多公尺，過去自來水尚未普及，這裡的居民，飲用水的艱難可想。

在我的童年記憶裡，普遍八口之家，平常省吃儉用，一天大約要用掉一大缸水。大人肩挑要三、四擔，小孩兩人半桶一回，來來回回就要十幾次。因此，我們兄弟姊妹常為了抬水，因我重你輕、我後你前而爭吵不休。

住在高地或山上的人家，除了飲用水不便之外，生產的農產品要賣，日用必需品要買，這些與鎮上的往來，也由於交通的不便，必須長途跋涉，肩挑手提，負重致遠，備嘗辛苦。我曾訪問過一戶深山中，交通極不便利的人家。聽說早期他們為了來往鎮上，清晨出門要到黃昏才抵達，完成交易後，便投宿在親戚朋友家，等第二天一早才趕路回家。天下父母心，試問誰願意把自家女兒，嫁到一個生活如此不方便的地方，去茹苦受罪？

現在時代變了，山上人家有錢了，蓋起最新潮馬賽克的豪華洋房，柏油（水泥）路，直通自家門前，出門用自家轎車代步，飲用水的問題早解決了。

龍潭銅鑼圈，也因為北部第二高速公路的開闢，蓋滿了漂亮的公寓，不但過去外移

人口逐漸回流，還吸引許多外地的人口，銅鑼圈已漸漸繁榮、熱鬧起來。真是三十年前河東，三十年後河西。「有妹莫嫁銅鑼圈，食一擔水愛一晝邊。」這句客家諺語已經過時了。

19 有姑姑來替，無姑毋會食生粹

1. 有　姑　姑　來　替　，　無　姑　毋　會　食　生　粹　。
   iu²⁴　gu²⁴　gu²⁴　loi¹¹　te⁵⁵　　mo¹¹　gu²⁴　m¹¹　voi⁵⁵　siid⁵　sang²⁴　ce⁵⁵

2. 靠　哥　靠　嫂　，　籬　穿　壁　倒　；
   ko⁵⁵　go²⁴　ko⁵⁵　so³¹　　li¹¹　con²⁴　baig²　do³¹

   還　是　自　家　手　盤　手　背　較　好　。
   han¹¹　he⁵⁵　cii⁵⁵　ga²⁴　sui³¹　pan³¹　sui³¹　boi⁵⁵　ka⁵⁵　ho³¹

一般人提起客家婦女，都只知豎起大拇指。唯獨民族學者才能具體的指出，客家婦女具有「四頭四尾」的美德。

因為客家婦女天足（不纏足），所以在山林田野，都可以看到她們的身影。她們既要上山又要下田，為的是與男性共同分擔家計，此之謂「田頭地尾」。雨天不能上山下田，或者夜間的閒暇，他們便做起針黹來，為一家大小，剪裁新衣或縫縫補補，稱做「針頭線尾」。養育子女的重任，對子女日常生活、進退應對等的啟發教導，也由她們一肩扛起，這叫「家頭教尾」。一般庶民日

求三餐的三餐，以及廚房裡的一切，都靠他們張羅，這就是「灶頭鑊（鍋子，客話叫鑊）尾」。總之她們的能幹，是巾幗超越鬚眉的。

說起客家婦女的能幹，要說起五十年前的農村，每次稻穀收成之際，常有婦女為了一展功夫，往往將剛從田裡收割完，挑回家的第一擔稻穀，一兩小時之內，磨穀、濾渣、榨乾，做成「米篩目」（福佬話說米苔目），當成割稻師傅的點心。這沒三兩下工夫，是萬萬辦不到的。

大家都知道，在台灣，不論福佬、客家……逢年過節都有製作糕餅的習俗。製作糕餅，從「破米」始，到「蒸煮」止，費心費時費力。首先，看你要做哪種糕粄，選用糯米、蓬萊米、還是在來米，這叫做「破米」。例如：糯米、蓬萊米各半叫做對半破，也有三七破、四六破……。其次，將破好或量好的米，置於水桶中，放水浸泡約半天，叫做「浸米」。（浸水的作用是，讓米吃水比較容易磨）接下來是「磨米」，就是將浸透的米磨成米漿。再將粄袋中的米漿，用石頭或其他重物把含水壓榨乾，就成了「粄粹」（也稱「生粹」）。粄粹再經過搓揉、加糖加佐料或包餡、塑型、蒸煮的功夫，才成了美味可口的各式糕餅。

客家婦女常說：「有姑姑來替，無姑母會食生粹。」意思是；有小姑在，就請小姑來幫忙；萬一沒小姑幫忙，也不會讓大家食生粄粹。悠悠的話語，卻充滿著客家婦女的自信。

20

老鴉兒無隔「核」卵

1. 老 鴉 兒 無 隔 「 核 」 卵 。

lo^{55}　a^{24}　e^{31}　mo^{11}　gad^2　had^2　lon^{31}

　　星期日，「分夫娘絆去（給太座纏著）」拜訪一個朋友。離開時，女主人拿出兩盒包裝精美的餅乾，一定要我們帶回家給孩子吃。我說：「你們也有小孩，不必這麼客氣！」不料她說：「我們小孩「億折福」（很挑剔），不吃這些；有時候開一盒餅乾，每人吃一兩小片，便擺在那兒，十天半月的，也無人動它。直到發霉了，才把它扔掉，怪可惜的。」

　　回家的路上，我一直想著「餅乾發霉」的事。想起二十幾年前，我正在軍營服役。

　　那時候家鄉有一種習俗：嫁女兒的人家總要男方多付一些大餅（喜餅），然後分送給「上家下屋」（鄰居），也讓村庄裡都沾上他們的一點喜氣。這最樂的是小孩子們了，他們渾然不知大人們籌備禮金的艱辛。一日有個鄰居的小姐「過定」（訂婚）送來了大餅，媽一聲令下：「不許開！要等你們大哥回來再開！」弟妹們也只好聽媽的話，讓大餅擺在神桌角上等待。一個禮拜過去了，大哥仍然不回來，弟妹們嘴饞，哪裡等得？又過了幾天，大妹心生一計，和眾弟妹商量好，自廚

房抓一把麵粉，悄悄的灑在大餅上。那天晚上，晚飯後，二妹打開餅盒，喃喃自語說：「我看大餅上有『蟻公』(螞蟻)無！」然後一聲尖叫：「大餅生『菇』(霉)了！」弟妹蜂擁而上，看了異口同聲的說：「正識(真的)。」

昏黃的「燈盞」(油燈)下，爸媽一看，也不疑有他，說：「去拿菜刀來分！」弟弟快馬加鞭，立刻拿來菜刀；妹妹更自動，尋得一塊乾淨的破布。爸爸拿起破巾，煞有介事的在「生菇」的大餅上，擦了又擦，再舉刀切而分食。「生菇」的大餅，大家仍然吃得津津有味。

事後，弟弟口風不密，洩漏了這天大的秘密。媽便感慨的說：「你們呀！就係『老(音：勞)鴉兒無(音：毛)隔夜卵』(形容一個人毫無耐心等待的意思)。」聽到母親這句口頭禪，便又想起堂弟年幼時，口齒不清的把它說成：「老鴉兒無隔『核』卵。」的笑話來。

童年，能吃飽三餐，就算前世有修了；那敢奢盼有零食吃？偶而，母親上街回來，帶給我們兄弟姊妹一人一顆用舊報紙包的「甘糖」，我們也不敢用牙齒去咬食，只是用「舌母」(舌頭)慢慢舔，誰先吃完誰倒霉！因為你覺得不夠癮，也只好品嚐乾瞪眼的滋味。除此之外，我們也學會了利用在田地中幫助家事之餘，在荒郊野外自求多福，尋一些「野食」(野藤野果)解饞，因此，我還深深的記得：「蓮蕉子」(美人蕉)的花甜如蜜，「柿泡兒」(野草莓)的果實酸酸澀澀，「烏蠅屎」藤半鹹酸，「茅草」根的清甜，還有「八藻子」、「水冬瓜」、「酸藤子」、「牛核卵」……總之，這些野藤野果，有酸有甜，就像回憶童年一樣的滋味！

說了恁多童年糗事，真叫「現代人」笑死了！笑死幾個也好，因為這些人著實「安樂」很久了。

21

肉怕鐵，石怕結

1. 肉 怕 鐵 ， 石 怕 結 。

ngiug^2 pa^{55} tied^2　　sag^5 pa^{55} gied^2

　　客家先民在茶飯、勞作中，體會出一種道理，那就是：「肉怕鐵，石怕結。」

　　上古時期，人類穴居野處、茹毛飲血。不知經過多少世代，經過多少摸索，才開始學會用刀，把獵獲的野獸，解開分食。現在的我們，已經進步到十分文明的世界。上市場，站在獸肉店前，你可以看見屠夫、屠婦，拿起各式各樣的屠刀，面對獸體，或分解骨肉，或切、或剁，莫不迎刃而解。家庭煮婦、煮夫，面對豬肉、牛肉，用刀切塊、切丁、切片、切絲……用絞肉器絞碎，這刀和絞肉器，都是鐵器。因此「肉怕鐵」這話誠屬不虛。

　　常言道：「工欲善其事，必先利其器。」今天，人們在日常勞作中，依賴金屬（鐵）製品甚深。刀、鋸、斧、鑿、鋤頭、圓鍬……簡直是應有盡有。然而，「水可以載舟，亦可以覆舟」。萬一使用刀、鋸……不慎，也會傷害到自身肉體，這應是「肉怕鐵」的另一解釋。

　　「石怕結」又是什麼意思？先說結字，

翻開辭典「別來半載音書絕，一寸離腸千萬『結』」的結，是指紐絞處；「『結』廬在人境，而無車馬喧」的結，是構築的意思；「勸君莫『結』同心『結』，一『結』同心解不開」第一、三個結字有繫扎、聯締之意；第二個結字，是指情愫。結字的意思有很多，獨無客家話「堆疊」一意。

大家都知道，瓦斯能源尚未完全開發利用之前，人們完全仰仗薪柴來生火燒煮食物。記得童稚時，一年秋收之後，父母親合力將屋前屋後的雜樹，斫來當薪柴。那些山上砍鋸下來的大小木頭，搬運回大稻埕，經過刀、鋸、斧頭的處理後，散亂滿地，充塞整個稻埕，幾達一、二月之久。一天放學回家，發現稻埕上的薪柴，怎麼突然不見了？原來父母為免柴火散置，會因風吹雨打而腐朽，已經將它堆疊在屋簷牆下。我感到訝異的是：還沒堆疊，這些薪柴占了偌大的空間，一經堆疊，卻僅僅半牆而已。

木柴怕堆疊，石頭亦復如此。以後如果你有機會，經過古老河堰的時候，可別小覷那些用石頭堆成的攔水壩，它不知費盡前人多少力氣，用盡多少大大小小石頭堆砌而成的哪！

22

秀才無假，把戲無真

1. 秀 才 無 假 ， 把 戲 無 真 。
   siu⁵⁵ coi¹¹ mo¹¹ ga³¹　ba³¹ hi⁵⁵ mo¹¹ ziin²⁴

2. 花 花 假 假 ， 雷 公 會 打 。
   fa²⁴ fa²⁴ ga³¹ ga³¹　lui¹¹ gung²⁴ voi⁵⁵ da³¹

3. 戲 者 虛 也 ， 採 茶 實 話 。
   hi⁵⁵ za³¹ hi²⁴ ia²⁴　cai³¹ ca¹¹ siid⁵ fa⁵⁵

　　最近，全世界的魔術界，全國電視之綜藝節目的 magic 秀，正風起雲湧、方興未艾。這使我想起老祖先一句智慧的話：「秀才無假，把戲無真。」告訴我們：秀才是真才實學之士，魔術是造假。

　　明、清時，秀才是經過院試，得到入學資格的「生員」。得到秀才資格，是進入士大夫階級的最低門檻。成為秀才即代表有「功名」在身，在地方受到一定的尊重，也獲得各種特權。例如免除徭役，見知縣時不用跪拜、知縣不可隨意對其用刑、遇公事可稟見知縣等等，還擁有生活津貼。

　　十六世紀初全國「生員」總數有三萬五六千名。這些三萬多名秀才，有部分是地

方首長、中央決策官員的人選，本質上應是真才實學的，如果真有假冒倖進之徒，想該極少。

因此，人人當自強，因為「秀才無假」呀！

我出生在民國三十年代末，民國四十四年入小學，地方上早無秀才；但我國民學校高年級時，學校偶有藝工大隊的話劇團來校公演。民國四十年代，正值防諜反共最熱的時期，所以他們每次演出，都先演一齣捉匪諜的短劇。有一次演匪諜的奪窗而逃，被警察槍斃作結，突如其來舞台上槍聲大作，確實震撼了生長在鄉村的我小小的心靈。

接著是一個個小丑輪番上場，他們的《撮把戲》最討人喜歡。記得有一次，小丑戴《草笠兒》出場，帽子脫下，然後拿來報紙、撕成條狀，置於帽中，只見魔術師用筷子不斷在帽中翻攪，三、五分鐘後，嚇我一跳，帽子翻轉倒入大碗，就是一碗熱騰騰的麵條。又有一次，魔術師表演一段《手到錢來》的魔術。只見他表情滑稽的在台上踱來踱去，隨手一抓就是一枚五角硬幣(當時的五角，幣值不小，十塊錢可買超過一斤的上肉)。然後，將抓得的硬幣隨手丟入，另一隻手拿著的鉛桶中，全場只聽見輕脆的「鏘、鏘……」聲。對此神奇，大家看得目瞪口呆。

當時心想：「我若有《手到錢來》的技能，便可度我貧困的一家，脫離貧窮的苦難！」對那魔術師，不由得心生崇拜、仰慕之情。後來，有人破解了這個謎，魔術師抓到的錢幣，永遠是同一個。投入鉛桶是一個幌子，是另一隻手先拿一落數十個五角硬幣。一手丟、另一手放，「鏗鏘」之聲便由此而來。

我度全家脫窮的夢醒了，因為「把戲無真」呀！

23

那段「朝朝帶白腹」的日子

1. 長 年 無 食 祿 ， 朝 朝 著 白 腹 。
   cong^{11}ngien^{11} mo^{11} siid^5 lug^2　　zeu^{24} zeu^{24} cog^2 pag^5 bug^2

2. 赤 腳 打 鹿 ， 著 鞋 食 肉 。
   cog^2 giog^2 da^{31} lug^5　　zog^2 hai^{11} siid^5 ngiug^2

　　有句客家俗話：「長年無食祿，朝朝帶白腹。」意思是說：那做長工的窮小子，可真沒口福，每天捕上岸的盡皆白腹魚。

　　白腹魚名叫鯖魚，生江湖中。因腹部是白色的，台灣人稱白腹魚。白腹魚的肉質鮮美，是魚類中的上品之一。昔時，捕上岸的白腹魚，統統要拿去市場，賣個好價錢買米買布，怎捨得自家吃呢？要吃魚就等下回捕獲較不賣錢的吧。年幼的我毫不懂事，經常賭氣，家裡貧窮就不能吃白腹魚。

　　記得前幾年，在報紙副刊上讀到一則故事：作者敘述年幼家貧跟吃魚相關的親歷往事。

　　有一天，爸爸帶了一個客人來，在客廳聊天。快到中午吃飯時間，媽媽在灶下煮飯，只知媽媽忙進忙出，最後媽媽在鍋中下油煎魚，我端了張矮竹椅，站上竹椅併肩在媽媽身邊，媽媽忙著煎魚，我吵著說：「我要吃魚！我要吃魚！」媽媽沒回應，等把魚煎好，端到客廳飯桌上時說：「乖！小孩子

要守規矩！客人如懂禮貌的話，吃魚是不敢翻面的，等客人吃飽了，剩下的魚端回來再給你吃！」於是我把矮竹椅搬到客廳窗外，站在竹椅上，盯著餐桌看客人吃飯。不久，我突然不由自主地哭喊出來：「媽！客人翻面了！」

看了這則故事，我才明白，小時的年代，窮人家對魚的渴望且不可得。因此才又說：「赤腳打鹿，著鞋食肉 (沒鞋穿的窮人，來到市場，買些山珍——鹿肉回家品嘗)。」這句令窮人鼻酸的話語。

這也不盡然，民國五十六年暑假，我自新竹師範學校畢業，回故鄉苗栗大湖教書，每天騎自行車從家裡出發，車行三、四公里，自行車寄放在山腳下路旁的養鴨人家。再步行上山，約走三公里許的蜿蜒山間小路，方抵服務的學校。冬日走路鍛鍊身體，很好；夏天便要大汗淋漓、氣喘吁吁了。學校周邊沒有商店，日用品到距離學校步行約四十分鐘來回的雜貨店買，所以老師們不住校就得帶飯包。我家貧只得住家裡以節省開銷。早上、下午，上班前、下班後，多少也可幫父母一些農務家事。因此，媽媽一大早便得費心的為我準備一個便當，菜色當然要有變化，但主菜經常是當時算珍饈的一大塊白腹魚，或煎、或蒸、或炸、或……一家人吃白腹魚便當成了我的專利。這些年來，我們家吃的無虞匱乏，許久沒吃白腹魚了，白腹魚的滋味也忘得差不多了，但媽媽對我濃得化不開的愛意，卻歷歷如在眼前。這也應驗了我那「家裡貧窮也可以吃白腹魚」賭氣的想望。

一生勤奮持家，茹苦含辛的媽媽，於民國九十八年十二月二十五日凌晨，因油盡燈枯棄她的子女遠去，享壽八十五。在此母親節前夕，很自然的我懷念起媽媽，我好想唱一首歌：「世上只有媽媽好，有媽的孩子像塊寶；投進媽媽的懷抱，幸福享不了……世上只有媽媽好，沒媽的孩子像根草；離開媽媽的懷抱，幸福那裡找？……」

24

命底生入骨，斧頭削毋甩

1. 命 底 生 入 骨 ， 斧 頭 削 毋 甩 。
   miang^{55}dai^{31} sang^{24} ngib^{5} gud^{2}　　bu^{31} teu^{11} siog^{2} m^{11} lud^{2}

2. 毋 識 字 ， 怨 爺 娘 ；
   m^{11} siid^{2} sii^{55}　　ien^{55} ia^{11} ngiong^{11}

   毋 會 賺 錢 ， 怨 屋 場 。
   m^{11} voi^{55} con^{55} cien^{11}　　ien^{55} vug^{2} ciong^{11}

3. 命 窮 賣 鹽 賣 出 蟲 ，
   miang^{55}kiung^{11}mai^{55} iam^{11} mai^{55} cud^{2} cung^{11}

   賣 蔗 賣 出 火 吹 筒 。
   mai^{55} za^{55} mai^{55} cud^{2} fo^{31} coi^{24} tung^{11}

我經常聽長輩說一句客家諺語：「命底生入骨（音 gud^{2}），斧頭削毋甩（音 lud^{2}，脫落的意思）。」關於這句俗話，我有以下的體會：

日光沒有酸甜、苦辣，空氣也無臭、無味，水是，泥土也是。但用泥土種植辣椒，取水澆灌，靠日光和空氣行光合作用，最後辣椒結了實，其實多麼辣呀！同樣一塊地，換成種西瓜，也因陽光、空氣、水使其成長，

結成的西瓜，卻是甜、不辣。這是什麼道理？沒別的，只因天賦。

植物有天賦，人也有天賦。有人具備藝術審美的才能，經過努力，他可成為美術、雕刻家；有人有科學創造的才能，經過努力他可成就為科學、發明家。

這天賦，客家人管他叫「命底」。「命底生入骨」是說天賦先天而生，「斧頭削毋殻」是說任你怎麼改變也改不了。

人生在世，最理想的就是，每個人都能發揮自我的天賦，以達極至。所以人生的歷程，必先花一段摸索的時間，以期尋找自我的天賦、性向所在。由於摸索的過程中，常會讓人處處碰壁。因此使人心灰意冷。「毋(不)識字，怨爺娘；毋(不)會賺錢，怨屋場。」怪這怨那，怪自家命不如人算，還要怨天尤人一番。唉！這命是與生俱來的，怎麼改變呢？算了吧！於是客家人便說：「命底生入骨，斧頭削毋殻。」

天賦是遺傳的問題，俗話說：「龍生龍，鳳生鳳，老鼠生的會打洞。」又說：「虎父無犬子。」、「有其父必有其子。」在在說明，遺傳決定一個人的成長發展。那麼說「命底生入骨」，我們就此認了嗎？不！不能！教育家認為，決定個人成長發展的因素，還有環境。

中國古代的大教育家荀子說過：「南部地方的吳、越，和東北夷地的小孩，出生時啼哭的聲音相同，長大了卻有截然不同的生活習慣，這是教育的力量使他們不同呀！」又說：「那散亂的蓬草，長在直直的麻林中，不去扶它，也自然直立；白沙倒入黑色染缸中，那就變成黑沙了。」可見我們習於善則善，習於惡則惡。後天環境對人的影響也是很大的。植物如此，人也一樣。

因此，我要強調我今天談「命底生入骨，斧頭削毋殻」的意義，是要勉勵大家「將相本無種，男兒當自強」。

25

屈原與黃巢

1. 救 屈 原 ， 划 龍 舟 ， 練 身 體 ；
   giu⁵⁵ kiug² ngien¹¹　　pa¹¹ liung¹¹ son¹¹　　lien⁵⁵ siin²⁴ ti³¹

   洗 百 草 水 ， 除 穢 氣 ； 揚 粽 仔 ，
   se³¹ bag² co³¹ sui³¹　　cu¹¹ ve⁵⁵ hi⁵⁵　　tag⁵ zung⁵⁵ e³¹

   餵 飽 魚 ， 保 全 其 屍 體 。
   vi⁵⁵ bau³¹ ng¹¹　　bo³¹ cion¹¹ gia²⁴ sii²⁴ ti³¹

屈原，戰國時期楚國人。

早年受楚懷王信任，先後擔任三閭大夫、司徒等職，常與懷王商議國事，參與法律的制定。同時主持外交事務。主張楚國與齊國聯合，共同抗衡秦國。在屈原努力下，楚國國力有所增強。

但由於生性耿直、自視甚高，受他人讒言與排擠，逐漸被楚懷王疏遠。西元前305年，反對楚懷王與秦國訂立黃棘之盟，楚國徹底投入了秦的懷抱。因此屈原憤而辭官，自我放逐到漢北。期間，創作了大量文章，作品中洋溢著對楚地楚風的眷戀和報國為民的熱情。

西元前278年，秦國太尉白起揮兵南下，攻破了郢都，他在絕望悲憤之下，行

吟澤畔，終至懷石投汨羅江而死。傳說當地百姓投下粽子餵魚以此防止屈原遺體被魚吞食，後來逐漸推展到全國，形成一種習俗。

客家人稱端午為五月節。為了懷念這位愛國詩人，除搦粽仔、划龍舟外，還流傳端午當日門口插青的習俗。

這插青的習俗則另有「走黃巢」（跑黃巢）的傳說。據維基百科記載：黃巢出身鹽商家庭，以販售私鹽為業，家道殷富，進士不第，又被朝廷暴政剝削。西元 875 年，黃巢在冤句（今山東菏澤西南）起事。

其後轉戰全國各地；初在山東徐州、河南，攻占陽翟（今河南禹州）、郟城（今河南郟縣）。後來曾一度逼唐僖宗逃亡四川。西元 881 年 1 月，進入長安，即位於含元殿，建立大齊政權。終被朱溫篡位，建立大梁，唐朝滅亡，進入五代十國時期。

又據客家傳說：黃巢因進士不第，憤改習武。某日午後手提大刀，走入村外，忽跟隨眾大嘯一聲，說：「吾將試試。」於是揮刀斬斷眼前一棵大樹。不巧，有一群小朋友在樹下玩捉迷藏，正好有人躲在樹洞中，被黃巢殺死了，黃巢一不做二不休，當下下令：「今後凡不從我者，逢人便殺！」

黃巢殺人之事，不脛而走。一日，黃巢與隨眾來到一村庄，前哨遇一婦女身背大兒手牽幼兒，急急趕路。報之黃巢，黃巢起疑：「為何背大牽小，且急趕路。」盤問再三，婦人說：「小叔既死答應託孤，大的為其小孩。手牽乃自己所出，此番『跑黃巢』，小叔已死，必與背著的孩子共存亡。萬一失散，自己年輕，猶可再生。」黃巢深受感動。說：「我即黃巢，你快快回去，在門前插上香蒲、大艾為號，可免一死。同時傳令下去，部眾一律遵守。」婦人奔回村莊，時逢端午，告訴尚未逃走的村人，在門口插上香蒲、大艾。黃巢部眾到此村莊，看見門前插青，即行離開。因此全村倖獲保全。

客家人崇尚忠義，今日客家人過端午節，「搦粽」紀念愛國詩人——屈原；「插青」懷念因義保全全村的婦人。

26

抽菅榛、搣苟薑的日子

1. 汝 來 吾 ， 我 帶 你 去 蹬 酒 樓 ，
   ng[11] loi[11] nga[24]　ngai[11] dai[55] ng[11] hi[55] dem[31] ziu[31] leu[11]

   我 來 若 ， 汝 就 被 弇 頭 。
   ngai[11] loi[11] ngia[24]　ng[11] ciu[55] pi[24] giem[11] teu[11]

   菅 榛 打 壁 看 現 現 ，
   gon[24] ziin[24] da[31] bad[2] kon[55] hien[55] hien[55]

   看 見 烏 龜 縮 鱉 頭 。
   kon[55] gien[55] vu[24] gui[24] sug[2] bied[2] teu[11]

2. 勢 窟 癢 ， 楔 苟 薑 。
   sii[55] vug[2] iong[24]　ngiab[2] gieu[31] giong[24]

3. 蒔 介 禾 兒 像 芒 婆 ，
   sii[55] ge[55] vo[11] e[31] ciong[55] ngiong[11] po[11]

   種 介 薑 母 像 月 桃 。
   zung[55] ge[55] giong[24] ma[11] ciong[55] ngied[5] to[11]

記憶裡，小時候媽媽不知對我說了多少客家的傳說故事。我還依稀記得，她說：從前兩個同年，一個窮一個富，富同年住在城南，常常邀請住在鄉下的窮同年到城裡，帶他到飯館、酒樓吃喝。多次之後，富同年對窮同年表示也想去鄉下看看。窮同年雖面有難色，卻深知來而無往非禮也的道理。於是便共同約定一個日子。時間過得很快，窮同年眼看約定的日子就要到了，自家日用三餐都難應付，要如何招待，應付同年呢？仍無計可施，內心忐忑不安。於是太太獻策說：「到時候你躲在床上，同年來了我來應對！」

約定的日子到了，富同年照約定來到了同年家中，在簡陋的客廳裡，他約略打量了一番，心想：「同年窮困，早有聽聞，唉！卻不知窮苦到這步田地！」敘明來意，窮同年的太太對他佯稱同年忘了約定，一早便出門，說要晚上才回來。富同年也識破他的詭計和苦衷，便向同年嫂要來紙筆，說留下便條便走。便條寫道：「汝來吾，我帶汝去蹬酒樓；我來若，汝就被弁頭。菅榛打壁看現現，看見烏龜縮驚頭。」

今天，客家人稱窮人逃避現實，便說：「菅榛打壁看現現，看見烏龜縮驚頭。」話中的「菅榛」就是每年秋天山上白茫茫的芒花老熟枯死的莖。我出生戰後，那個時代的農村生活是艱苦的。菅榛除了用作窮人房子的隔間外，還可蓋在茅屋屋頂當襯底用，也有人拿來當做燃料的。

小時候我們住在山上，燃料不虞匱乏。街上人家則不然，撿柴不便，要購買薪柴作為每日蒸煮的燃料。記得小小年歲的我，不只一次到長滿菅草的山上，為年邁的祖母抽取菅榛，拿回家在大稻埕整理成束，上學時再挑到街上賣，替老祖母換取些許零用錢。

話說那個艱困的年代，山居人家除了山上有抽菅榛賣錢的故事外，滿山遍野的月桃也是珍貴的經濟作物。月桃我們家鄉稱作「苟薑」，它的葉子可以採來裹粽子、枕墊

在蒸籠上蒸糕粄之用，如此粽子、糕餅有一種特殊的香氣，很好吃。「苟薑」葉鞘長，相互緊抱排列成桿狀，常拿來當作繩索的代用品。

祖母常邀我帶著柴刀上山，在「苟薑」叢中，篩選比較老熟的「苟薑」，將它斫下，去其葉子，把一束束的「苟薑」(莖部)，拿回家放在門前的場上，每天晨昏遠遠便可聽到祖孫搥打「苟薑」的聲響，經過搥打的月桃莖，要散放在場子上曝曬，再把曬乾的的月桃莖，依照葉鞘一片片撕下，我們稱作「撕苟薑」。撕好「苟薑」，再經過整理整齊，綑紮成小束。最後再將許多小束，綁成兩大把挑到街上賣給商家，當成繩索使用。每當聽到人家說：「勢窟癢，楔苟薑(沒事找事的意思)。」對那些與我共度物質缺乏的人、事、物，便油然興起思念之情。

此外，彼時家鄉豐年差可自給，還有一句話與菅草、月桃都有關，很能敘述農家興旺的喜樂。那便是：「蒔介禾兒像芒婆，種介薑母像月桃。」說水田裡種的稻子一片欣欣向榮像芒花般茂盛，山上種植的生薑也長得像月桃一般。現代雖已經進步到 e 化時代，大家生活形態大變。姑且寫些先輩為生活打拼的故事，讓後者來緬懷一下。

27

拈籤卜卦，賭屧造化

1. 拈 籤 卜 卦 ， 賭 屧 造 化 。
   ngiam²⁴ciam²⁴ bug² gua⁵⁵　　du³¹ lin⁵⁵ co⁵⁵ fa⁵⁵

2. 人 會 算 ， 天 會 斷 。
   ngin¹¹ voi⁵⁵ son⁵⁵　　tien²⁴ voi⁵⁵ don⁵⁵

3. 天 有 由 人 算 ， 聽 算 無 窮 漢 。
   tien²⁴ iu²⁴ iu¹¹ ngin¹¹ son⁵⁵　　tang²⁴ son⁵⁵ mo¹¹ kiung¹¹hon⁵⁵

有一句客家俗話說：「拈籤卜卦，賭屧造化。」拈籤卜卦即卜卦算命；賭屧造化也有人說賭呀造化，碰碰運氣的意思。整句話說：事到如今，想不到是什麼原因？也想不到解決的辦法？只得碰碰運氣，拈籤卜卦試試看啦！

說起拈籤卜卦，這是非常古老的玩藝兒，在《易經》裡有紀錄。那個時代有卜菁這種行業，卜用龜甲，筮用菁草，都是用來占卜吉凶的。

記得小時候，卜卦算命也很流行。家中有什麼「缺角」（客家話的缺角，是指日常生活的不順遂），例如：家人跌傷、久病不癒、小孩受到驚嚇……都會懷疑冥冥中有神鬼

作祟，要請算命先生占卜占卜一番，察明究竟，好對症下藥，或補救、或預防。通常這種情況，卜米卦非常流行。

卜米卦，求占者得自己帶米約略半升，到算命先生處，向算命先生報明自己的生辰八字及居處，詳述自家近況，想要占卜何事？算命先生將求卜者帶來的米，倒在盤中撫平。然後點燃一炷香，向其所服侍的神明，喃喃訴說苦主的生辰八字及欲求卜之事。等這一炷香燒盡，算命仙再詳細察看盤中米，從盤米的紋理來斷吉凶。

此外還有所謂「卜雕(鳥)卦」的。算命先生養有一隻靈鳥，當求卜者說明完欲占何事後，經過一番行禮如儀，算命先生拿出籤牌，再在每一張籤牌上面各放一粒米，然後放出所養的靈鳥，看看這靈鳥啄哪一張牌上的米粒，苦主的運勢便落在這張籤牌上，請你傾聽算命先生怎麼說。

不管卜米卦也好，卜雕卦也好，在我這

個不知其中奧妙的門外漢看來，簡直不可思議。然當人們走投無路，不知如何是好時，也只有碰碰運氣，尋求心理的寄託。因此，從前客家人心靈不安寧的時候，往往會求神問卜，然後說：「拈籤卜卦，賭屬造化。」

你知道嗎？當今的社會，仍有許多不得安寧的心靈呢！不然，街頭為什麼還有許多卜卦算命的招牌呢？

28

知得該孔竅，打得該鬼噭

1. 知　　得　　該　　孔　　竅　　，　　打　　得　　該　　鬼　　噭　　。
   di²⁴　ded²　ge⁵⁵　kung³¹　kieu⁵⁵　　da³¹　ded²　ge⁵⁵　gui³¹　gieu⁵⁵

「知得該孔竅，打得該鬼噭。」這句客家老古言語，說的是：如果知道事情的竅門，便能把這件事情做好。

提到這句客家諺語，使我想起孫中山先生「知難行易」的學說。中山先生投身革命事業，發覺國人奮勉之氣，不敵畏難之心。這是因為大家以為知易行難的緣故，所以舉了飲食、用錢……等十件日常生活中的瑣事，來證明知之為艱、行之匪艱的道裡，鼓勵大家即知力行。在他所舉的十事當中，令人印象深刻的是，一個工匠修理水管的經過。

有一人家，家裡的水管阻塞，於是請來一個工匠修理。工匠來到。不過舉手之勞，就使水管回復原狀。主人問要多少錢？工匠說：五十塊四毛。主人十分詫異地說：這麼舉手之勞，我也會做，為什麼要這麼多錢？又有零角，是什麼意思？為什麼不是五十元或五十一元？工匠說：「五十元是我的知識，四角是修裡的工資。如果你說你自己也會動手修理，那我只拿我知識的價值好了。」主人一聽笑了起來，照工匠索價，全數給了。

說實在的，一個沒有水電常識素養的人，怎能替人修水管？這麼說來，三百六十行當中的各行各業，也都有其專業的知識和學問在。不諳其中竅門，絕對無法在這專業領域中為人群服務、為大眾造福。

試以農夫製作竹扁擔為例，懂竅門的人，知道竹子多節，起始就會估量竹子的節目，絕不能在扁擔的正中，免得挑擔時節目對準挑夫的肩膀，令人感到不適。不懂竅門的人，難保不做得節目正當扁擔中央，使挑夫使用起來感到難過而不舒服。這正說明「知得該孔竅，打得該鬼嗷」的道理。

再以木匠釘造和式臥房為例，因為直立的四壁並非完全平整，所以接觸四壁的木板，必須拿同塊木板截剩的部分，貼緊牆壁移動。取一枝鉛筆在壁旁的木板上畫線，再依線裁截、釘上，便能完全與牆壁密合，不留絲毫縫隙。如果最後必須在牆的四周，釘上花木條以遮縫隙，便不知其孔竅了。

「知得該孔竅，打得該鬼嗷。」在分工愈來愈細的今日社會，凡事都有其不為常人所知的竅門在。換句話說，今天是專家的時代。因此，我們一定要相信專業、敬重專家才對。

29

便宜莫貪，浪蕩莫沾

1. 便 宜 莫 貪 ， 浪 蕩 莫 沾 。
   pien^{11} ngin^{11}mog^{2}tam^{24}　　long^{55}tong^{55}mog^{2}zam^{24}

2. 貪 賒 一 斗 米 ， 失 卻 半 年 糧 。
   tam^{24} ca^{24} id^2 deu^{31} mi^{31}　siid^2 kiog^2 ban^{55} ngien^{11}liong^{11}

3. 貪 財 不 得 財 ， 毋 貪 財 自 來 。
   tam^{24} coi^{11} bud^2 ded^2 coi^{11}　m^{11} tam^{24} coi^{11} cii^{55} loi^{11}

　　客家俗話說：「便宜莫貪，浪蕩莫沾。」為什麼便宜莫貪，傳說：從前有一個鄉村，村民多以燒草木灰煮煉（鹼的原料）為業。一天，有一個陌生人，挑一擔煉砣（鹼塊）到鎮上賣，店主人說：「先生的煉砣多重啊？多了我可買不起哦！」陌生人說：「阿枝（煉）哥三十斤，阿石哥三十斤，阿土哥三十斤，三三郎當八（三三得八），總共八十斤。」店主人心想：「三三郎當九才對，如果買下平白多賺十斤。」心中起了貪念，為免他反悔，於是趕緊將它買下。

　　陌生人收了貨款，走進一家小吃店。這時店主人發現煉砣中摻雜了很多泥土和石塊，知道自己吃虧、受騙，趕緊追過去，

伍・日日通用

想討回公道。追到小吃店，陌生人正在吃點心。店主人看了又看，既像又不像，原來陌生人綻（翻）起眼皮，捲起褲管，腳脛上貼著黃紙，說：「看麼介看（看什麼看）目珠（眼睛）痛天災，腳痛命歪（命不好），愛食（要吃）點心自己買。」店主只好自認倒楣，悻悻然的離去。

還有一個傳說：從前有一鄉下人家嫁女兒，上轎前，母女話別，做母親的擔心女兒在轎內，要枯坐這麼長遠的路途，中途尿急怎麼辦？因此，特地為女兒準備了一個酒瓶，用紅布包裹，說：「如果內急，先尿在勺內，為免讓別人看到，再用這紅布把瓶子包裝起來。」

傍午，花轎來到男方，新娘下了轎，轎夫清理轎子，發現轎門口放著一包紅布包，心想一定是什麼貴重的東西，新娘一時疏忽忘了。轎夫起了貪念，連豐盛的中餐都沒吃，急忙把轎子抬走。回到半路上，轎夫李信急急打開紅布，發現是一瓶酒，不免喪氣。心想既已飢渴，酒也罷，喝它一口再說，打開瓶蓋，猛灌一口，拉長聲音：「唔——！」的一聲。轎夫陳忠說：「恁釅係無（這麼濃嗎？）我也飲一口！」李信把酒瓶遞了過去，陳忠接過酒瓶，不願吃虧似的，以口就瓶喝了一大口，皺起眉頭說：「確實釅！」一點都沒錯。店主和轎夫，都因貪小便宜而吃了大虧。

那又為何「浪蕩不沾」？客話稱一個整天無所事事、遊遊野野、仔仔丁丁的人叫浪蕩子。一天閒遊浪蕩，懶惰成性的人，整天吃飽飯，無處用心思，什麼壞事都想，也做得出來，不單是社會的蛀米蟲，更是危害社會的害蟲。「浪蕩莫沾」也不是沒有道理的！

30

前世無修，賴兒准心舅

1. 前 世 無 修 ， 賴 兒 准 心 舅 。
cien²⁴ se⁵⁵ mo¹¹ siu²⁴　　la¹⁵⁵ e³¹ zun³¹ siim²⁴ kiu²⁴

2. 前 生 牽 牛 鬥 到 其 墓 頭 。
cien²⁴ sen²⁴ kien²⁴ ngiu¹¹ deu⁵⁵ do³¹ gia²⁴ mu⁵⁵ teu¹¹

3. 前 生 打 爛 其 骨 頭 罌 。
cien²⁴ sen²⁴ dai³¹ lan⁵⁵ gia²⁴ gug² teu¹¹ ang²⁴

　　有一句俗諺這麼說：「前世無修，賴兒准心舅。」

　　通曉客家話的人都知道，客家人稱兒子為賴兒，稱兒媳婦為心舅。准是當作的意思。整句話是說：因為前世沒有修行，所以兒子當成媳婦，盡叫他做些女孩兒家的事。

　　從前的農業社會，不像今天的工商社會，成就了許多的職業婦女，男性居家，「洗手做羹湯」的大有人在。古時候，家庭的分工很清楚，所謂「男耕女織」、「男主外女主內」就是最好的說明。一般說來，過去的男子負責外出犁田，女孩子則在家操持家務，所以，女孩兒家平常就是種種菜、積

積麻、斲薪、養豬、洗衣、畜雞鴨……然而，一個傳統的家庭裡，如果兒子一直無娶，女兒又都出嫁了，不得已，做兒子的也得做起煮飯、燒菜……等女工來。這在過去古老的觀念裡，男做女工，正是「前世無修」的結果。

從前，人們深信，不僅出家人要修行，匹夫匹婦也都得修行。因此現在民間還普遍流傳：「有錢施公德，無錢拈開芳。」的話語。古人認為，人的生死，循環不已。人生在世必得急公好義、多做好事，下輩子才有善的果報；倘若前生不積陰德，多行不義，來世必遭惡的報應。譬如：有人因瑕隙與人結怨，常會作這樣的解釋：「前生牽牛鬥到其（他的）墓頭」、「前生打爛其骨頭罌（陶製的瓶子客家話說罌，裝人死後枯骨用的，貴稱為金罌、賤稱則謂骨頭罌）」將今生的一切不順遂，通通歸因於前世的「無修」。同時，俗話還勸人，「前生修來後世用」呢！

這些仍然存在於當今阿公阿嬤腦中的輪迴概念，時下的年輕人，聽起來似乎極其遙遠。他們講求的是感官、當下，要的是刺激和爽，早把前生後世，一古腦兒拋到九霄雲外。這在我看來，可能是人心不安、社會不寧的根本。為今之計，欲使人心多一點同情、多一點愛，破除巧取豪奪的貪念，設法讓大家在今世中修持，何等重要！看官以為然否？

31

南窩阿鼎伯，雞胲膨到大蟆只

1. 南　窩　阿　鼎　伯　，　歇　介　籬　笆　壁　，
nam¹¹ vo²⁴ a²⁴ din³¹ bag⁵　　hed⁵ ge⁵⁵ li¹¹ ba²⁴ biag⁵

煮　介　爛　鑊　析　，　雞　胲　膨　到　大　蟆　只　。
zu³¹ ge⁵⁵ lan⁵⁵ vog⁵ sag⁵　　gie²⁴ goi²⁴ pang²⁴ do⁵⁵ tai⁵⁵ ma¹¹ zag²

2. 火　盛　伯　嘴　會　，　阿　忠　哥　厲　害　，
fo³¹ siin⁵⁵ bag² zoi⁵⁵ voi⁵⁵　　a²⁴ zung²⁴ go²⁴ li⁵⁵ hoi⁵⁵

天　送　伯　母　強　強　愛　。
tien²⁴ sung⁵⁵ bag² me²⁴ kiong²⁴kiong²⁴oi⁵⁵

　　客家諺語中，有描述地方上小人物的，很有趣。下面這則就是：「南窩阿鼎伯，歇介籬笆壁，煮介爛鑊析，雞胲膨到大蟆只。」簡單幾句話，把阿鼎伯的生活及個性，表現得淋漓盡致。

　　先談諺語的形式，客家老古人言為了廣為流行，傳諸久遠，大多押韻。這則諺語的韻腳是：伯、壁、析、只。因為押韻念起來感到十分順口而又饒富韻味。

　　諺語中的「南窩」是一個村落名，客家

人習慣稱窪地或人物聚集地為「窩」。因此客家庄，以窩命名的所在多有。苗栗大湖有「麻竹窩」，這窪地以盛產麻竹而成名；桃園楊梅有「秀才窩」，聽說清代這個聚落秀才輩出。

「阿鼎伯」就是南窩這兒，知名的長者。這位長者，歇介(住)的籬笆壁，煮介爛鑊析(破片叫析，爛鑊析指的是破鍋子)。意思是阿鼎伯生活極度窮困，可是他卻「雞胲膨(膨這裡有吹的意思)到大蟆只」(很會吹牛)。

「雞胲」原指雞脖子，客話稱氣球也叫「雞胲兒」。可能吹牛像吹氣球一樣，如果不知節制，最後吹得太大會像吹大的氣球忽焉破滅一般；所以吹牛就說成膨雞胲。

從前有一個庄子，出了三位「雞胲仙」(很會吹牛的人)。一天三個人聚在一起，旁人以為機會來了，慫恿三位「雞胲仙」較量一下，看誰最會吹牛。某甲毫不遲疑地先說：「我家裡有一個大鼓，初一敲它一下，

十五還在響呢！」某乙接著：「我家養一頭大水牛，從台灣脖子一伸就到了廣東，偷吃人家的稻苗呢！」甲不服氣的說：「哪有那麼大的牛？」乙說：「沒那麼大的牛，那你家的鼓用什麼皮張成的？」丙接著說：「我家門前種了一叢長竹，它長得很高，碰到了天，把天戳了個大洞。」乙以不屑的口吻說：「哼！天下哪有那麼長的竹子？」丙回答說：「沒那麼長的竹子，拿什麼的剖竹篾，來箍你的鼓皮呢？」

民間傳說的三位「雞胲仙」，果真名不虛傳。我一直想知道，南窩地區的的阿鼎伯，吹牛技術如何？能否和這三位「雞胲仙」相比呢？

32

客家介旺像，旺像介客家

1. 上　崎　毋　得　半　崎　坐　，
song^{24}　gia^{55}　m^{11}　ded^2　ban^{55}　gia^{55}　co^{24}

　手　攬　膝　頭　唱　山　歌　。
su^{31}　nam^{31}　cid^2　teu^{11}　cong^{24}　san^{24}　go^{24}

2. 萬　眾　一　條　心　，　黃　泥　變　成　金　。
van^{55}　zong^{55}　id^2　tieu^{11}　sim^{24}　　vong^{11}　nai^{11}　bien^{55}　sin^{11}　gim^{24}

　　最近做了一個夢，這个夢發生在號稱又四、五十萬客家人的台北市。

　　一大早，三五成群的老阿公老阿婆穿過我家樓下的巷道，往象山進發，赴早覺會的約。他們一群接著一群，有的講河洛話，有的講客家話，談論著家庭的隱私，反正都是知己。我被吵醒後，便披衣起來，讀完早報，因為是母親節奉太太之命到市場買早點。太久沒上市場了，同一個攤位上除了碗粿、豬血糕之外，還羅列著鹹粄仔、菜包仔，還有九層粄。中午帶著全家到客家菜餐廳吃飯，半路上看到一個三、四歲的小男孩，追

趕他的母親，邊跑邊喊：「媽！等我，媽！等我啦！」這時經過一家唱片行，裡面傳出「……離家十過年，共樣介日頭，共樣介地泥，共樣介山歌……無共樣介人……」的歌聲。從餐廳出來，有一群少男少女正在電影院門口排隊，好像有五、六個客家子弟。像自己二、三十年前用客話打情罵俏。逛了半天的街，準備打道回府，這時也確實累了，信步走進車牌附近的小吃店，各來一碗「粄條仔」，小吃店牆壁上的電視正播出「山歌歌唱擂台」，那「上崎毋得半崎坐，手攬膝頭唱山歌……」的歌聲，又讓人重回少年。

正當我狐疑為何今年的母親節，這麼客家時，突然醒來……

這個夢，無以名之，姑且稱為「客家介旺像」。這些年來，凡是關心台灣客家前途的朋友，無不希望「客家旺像」起來。到底客家能不能像前述的夢境一般「旺像起來」呢？答案是肯定的！只要關心客家的朋友有

心，有客家心，「旺像介客家」必定為期不遠。

到底怎樣才算具備客家心呢？說來簡單，做也不難。

第一、多參與客家文化活動。參與就有了責任，一個人有了負擔就會感覺「事非經過不知難」，就好像一個人當了父母，要負擔子女的生活、教育之後，才會體會做父母的不容易。通常客家文化活動都安排在假期，有客家心的朋友理應多參與這類活動，去發現辦客家文化活動的難處，而後貢獻智慧，設法克服。去表現對客家文化的關懷與熱愛，從中發現客家文化應興應革處，以及現階段推動客家母語運動的著力點。大家都來參加客家的文化活動，客家豈不「旺像起來」。

第二、多表達對客家文化的關懷。很多朋友常說：「客家人保守，客家人刻苦耐勞慣了，凡事逆來順受，積習久了便羞於表

達。」我想現在時代不同了，民主時代的特色，就是要多表達，把自己的意見說出來、寫下來。所以凡是有客家心的朋友，務必掌握時代的脈動，對客家公共事務勇於提出自己的見解。表達意見的方式很多，最簡便的是打電話和寫信。比方客家人需要政府「公平合理分配廣播頻道」就可以直接打電話、寫信給行政院新聞局、省市政府新聞處，表達這種民意。試想新聞局也好、新聞處也好，每天都有數百通電話或書信，要求增加客家頻道或節目的，政府能不重視這種民意嗎？此外如對電視廣播客語節目時段的安排，節目內容的良窳，我們都有表達意見的權利和義務；其他對客家文化活動的臧否，除了直接向主事單位反映外，也可以透過傳播媒體的「民意論壇」表達。

如果凡我客家鄉親人人都有這種多參與、多關懷客家文化的情懷，「何愁台灣無旺像介客家」！

33

歪貓可嚇鼠，歪夫可做主

1. 歪　貓　可　嚇　鼠　，　歪　夫　可　做　主　。

vai²⁴ meu⁵⁵ ho³¹ hag⁵ cu³¹　vai²⁴ fu²⁴ ho³¹ zo⁵⁵ zu³¹

不久前的一個晚上，我們闔家圍坐在電視機旁，一齊觀賞國家地理頻道，弱肉強食系列——老鼠之役。

當看到印度人與鼠的恐怖畫面時，突然聽到媽媽喃喃的說了一句話：「歪貓可嚇鼠，歪夫可做主。」這也使我想起唐朝大文豪柳宗元，著名的寓言故事《三戒》。

永某氏因為肖鼠，視其為幸運之神，家裡不養貓，同時禁止僕人捕鼠。倉庫裡的米穀、廚房裡的食物，聽任老鼠自由取食。因此，永某氏的房裡，沒有一件完好的器物；衣架上，沒有一件完好的衣服；他日常吃的、喝的，都是老鼠吃剩的。

白天，老鼠與人同行；夜俚，牠偷、牠咬、牠打鬧，吵得人不得安寧。後來，永某氏搬走了，換新主人來住，老鼠猖獗如故。新主人見狀，立即養貓滅鼠，終無鼠患。

柳氏意在譏諷，社會上不能認清環境的變化，與時俱進的人，但我初讀這篇文章時，囫圇吞棗，不察其寓意，內心卻留下，

貓是鼠的剋星之深刻印象。

記得小時候，鄉下的老家，也養過一隻非常會「殺鼠」(很能捉老鼠)的母貓，因此，家裡從來看不到老鼠。

後來，母貓在野外，不小心被人家暗置捕捉田鼠的鐵剪，剪斷一隻腳。事出突然，我們全家都十分難過。我們呵護著牠，為牠療傷；大家都擔心母貓不再捉老鼠，我們將如何忍受老鼠的肆虐。結果，大出我們意料，三腳貓不會捉老鼠，但其威仍在，老鼠自然收斂。這正是「歪貓可嚇鼠」的道理。

至於「歪夫可做主」又怎麼解釋呢？

人類社會，自一對男女組成家庭始，就有大大小小的家物事，等著處理、等著做決定。為了尊重女權，有許多男士在公開的場合，自我調侃說：我們家，大事由我決定，小事則由太太決定。然而我倆結婚這麼多年來，家裡從沒有發生過大事。

說正經的，「做主」的本意是：拿自己的意見來處理事情。像《父與子》的寓言，牽著瘦弱的驢子進城的故事。那位父親，就是拿不定主意不能做主的例子。要不要買房子？要不要買車子？要不要送孩子到國外求學？這些歪夫可能做不了主。但水龍頭壞了、馬桶阻塞、換燈泡、安裝保險絲……這些芝麻小事，女主人可能都無法處理。水電工人，又不見得請得來，這時，雖是歪夫，就得由他做主了。

34

省食有剩，省著有新

1. 省 食 有 剩 ， 省 著 有 新 。
sang³¹ siid⁵ iu²⁴ cun²⁴　　sang³¹ zog² iu²⁴ sin²⁴

2. 有 食 省 一 口 ， 無 時 有 一 斗 。
iu²⁴ siid⁵ sang³¹ id² heu³¹　　mo¹¹ sii¹¹ iu²⁴ id² deu³¹

3. 一 人 省 一 口 ，
id² ngin¹¹ sang³¹ id² heu³¹

　能 畜 （ 養 ） 一 條 狗 。
nen¹¹ hiug²　　　　　id² tiau¹¹ gieu³¹

　　有一天晚上，我們全家正在用餐，忽然來了兩位親戚。我擔心煮好的飯不夠吃，輕聲的請內人趕忙加煮。最後，大家吃過了，不但新煮的飯沒人動，先煮的也有剩餘。

　　這使我想起鄉里的一段傳說：從前有一戶富有人家，家裡請了幾位「長年」（昔時經年替人家做傭工的長工，客話說長年）。一天中午放工回家，正要吃午餐的時候，主人來了幾位朋友，於是大聲的傳喚廚子：「飯不夠吃，再煮怕來不及了，把籃子裡的米粉拿來

炒一炒吧！」

在那個「咬薑啜醋」的年代，對吃膩地瓜飯的長年來說，米粉是一種上等佳餚。聽說要炒米粉，幾位長年登時相互使個眼角，彼此示意等米粉來吃。於是才吃一碗飯，便放下了碗筷。主人一看大家把碗筷放下了，立即吩咐下去：「飯還很多，米粉不用炒了！」

小時候，聽了這個傳說，十分同情那要用力為主人拼命工作，卻又沒吃飽飯的幾位長年。後來，知道主人家的籃子裡根本沒有米粉，對那個似乎懂得心理學，且工於心計、蔑視人權的頭家，恨得牙癢癢的。現在想想，傳說的寓意不只此，鄉先輩常說：「有食省一口，無時有一斗。」、「一人省一口，能畜（養）一條狗。」傳說應該還有這層深意。

回想年少時節，我還深深記得老祖母常說：「省食（吃）有剩（音：春），省著（穿）

有新。」到現在才深深體會到其中道理。

民國四十年代，我們念小學，經年光著腳丫子上學。然每到過年，爸、媽總要為我們小孩買新鞋。當時我們沒穿鞋的習慣，往往只在老師規定，週會、節慶、紀念日要穿鞋的日子，才穿著彆腳的鞋子上學。會一開完，我們便把鞋子脫掉，放在課桌下，等放學了，再把兩條鞋帶拉長，掛在書包背帶上一綁，晃呀晃的帶回家。就這樣，年頭買的新鞋，到了年尾還幾乎完好如新。這大概就是「省著有新」的道理吧！

穿鞋如此，穿衣亦然。自我懂事以來，母親都訓練我們，從外面回來，一進家門，便要脫下外出服，換穿家常便服。由此，我從小養成了省穿衣服的習慣，長大後，每買一件新衣，平時都捨不得穿。要等出遠門，參加盛大的聚會……，才從衣櫥中拿出來。所以我一向要求自己，出門衣著要光鮮，也從來沒有「衣服永遠少一套」的困窘與煩惱，這實乃拜「省食有剩，省著有新」這句古訓之賜吧。

35

看戲，看到奸臣死

1. 彭　祖　食　八　百　，
   pang^{11} zu^{31} siid^5 bad^2 bag^2

   自　從　毋　識　看　人　石　頭　爐　火　炙　。
   zii^{55} ciung^{11} m^{11} siid^2 kon^{55} ngin^{11} sag^5 teu^{11} eu^{55} fo^{31} zag^2

2. 張　果　老　食　兩　萬　七　千　，
   zong^{24} go^{31} lo^{31} siid^5 liang^{31} van^{55} cid^2 cien^{24}

   遇　到　三　擺　火　燒　天　。
   ngi^{55} do^{31} sam^{24} bai^{31} fo^{31} seu^{24} tien^{24}

3. 女　人　愛　打　扮　，　打　扮　起　來　像　阿　旦　。
   ng^{31} ngin^{11} oi^{55} da^{31} ban^{55}　da^{31} ban^{55} hi^{31} loi^{11} ciong^{55} a^{24} dan^{55}

我的母親喜愛看戲，尤其晚年，每天要看兩三齣戲，我放好錄影帶，沒事的時候，則一定陪侍她的座側，一起看客家採茶大戲。傳統的客家採茶大戲都以忠孝節義為主要內容，因為從小看戲，養成她老人家一輩子厭惡不忠不孝、無節不義之人，記得有一次看《秦香蓮》，看完陳世美被包公鍘掉時，她說：「看戲，看到奸臣死。」

還有一次，我們一起欣賞《周公鬥法桃花女》，劇中有一段：彭祖年輕時候，師事周公 (周公，非周武王之弟、輔佐成王者，其人以相術為業)。彭祖二十歲之年，周公算他只能活二十歲。一天，周公對彭祖說：「徒弟呀，師傅且告訴你，我為你算過命，你只有二十年的壽命！唉！」彭祖答到：「什麼？二十年！無論如何，師傅得救救我呀！」「人有多少陽壽，乃上天的賜予。如果能救，就是路人我也會救他，何況我們是師徒呀！」於是彭祖轉請鄰村的桃花女幫忙，桃花女問明來者姓名年紀，掐指道：「確實命該如此，想幫助你實無能為力！」無奈彭祖再三懇求，桃花女說：「這樣吧！你姑且試試！我也沒十分的把握。八仙五月某日將相會於棋盤山下下棋，你提早帶些果子，到棋盤山下！八仙們下棋渴了餓了又專注於棋局，也許會抓你的果子吃，棋局結束，他們知道吃了你帶的水果，會以無功不受祿為由，問你需要啥服務？這時你可要求八仙為你添壽年！」彭祖照桃花女之計做了，果然，八仙各折壽百年給了彭祖。這是傳說中彭祖活八百二十歲的來歷。

人一旦年紀老大，一皆鬚髮雪白，看不出年紀。一天，天奇寒，張果老 (八仙之一，相傳活了兩萬七千歲) 替彭祖揹著包袱，走過大漠。實在凍得難受，只見張果老忙著撿拾路邊的石頭，堆成堆生火取暖。彭祖看了說：「我彭祖活了八百歲，從來沒看過有人拿石頭生火取暖。」張果老一聽，立刻將包袱丟還彭祖 (哪有年長的替年少的背包袱之理)，說：「原來你是我為你添了壽年的彭祖！你可知我是誰？我就是活了兩萬七千歲的張果老，一生遇過三次火燒天。」這就是「彭祖食八百，自從毋識看人石頭熰火炙。」和「張果老食兩萬七千，遇了三擺火燒天。」諺語的由來。

從上段這則神話傳說，不難看出個人的經歷是跟年歲俱增的；一個活兩萬七千歲的張果老，當然比活八百歲的彭祖，人生經歷豐富。常聽人家說：「經驗即知識。」又說「見多識廣。」更可見人生經驗的重要，「前事不忘，後事之師」就是這個道理。

36

若愛好，問三老

1. 若　愛　好　，　問　三　老　。
   na^55　oi^55　ho^31　　mun^55 sam^24　lo^31

2. 楊　梅　飯　匙　石　棟　筷　，
   iong^11 moi^11 fan^55 cii^24 sad^5 lien^55 kai^55

   楊　杞　嫪　礑　柚　木　槌　。
   iog^11 gi^31 lug^5 cug^5 iu^55 mug^2 cui^11

　　民國八十年代末期，一群科學家們宣佈，他們已經完成「人類基因圖譜」的草圖。聽說這項成就，其重要性遠超過人類登月，英國科學家甚至預言，人類壽命將倍增，活到一千兩百歲不是夢。這使我想起一個，流行於客家庄「彭祖食八百」的民間傳說。

　　聽說有一次，張果老替彭祖拿包袱，要前往一個仙鄉。途經一個沙漠，天氣極其嚴寒，張果老就地取材，找來一顆顆石頭，點起火來取暖。看得彭祖瞠目結舌，說：「我彭祖食八百，自從毋識看人石頭熰火炙。」意思說：我彭祖活了八百歲，從來沒看過有人用石頭生火取暖。張果老一聽，把身邊為彭祖拿著的包袱丟過去還他，說：「豈有此理，那有長者替晚輩背包袱。我張

果老食兩萬七千，遇了三擺（次）火燒天。」傳說故事裡，告訴我們：年歲愈長，經驗愈多。因此「事情若愛做來好，必得問過三老。」

同年底，全國的語文競賽，國民中小學生組的客話演講，其中有一個題目是：「學問若愛好，必得問三老。」

命題老師也許想到屬學生的演講，為了適合學生發揮，所以把俗話的：「若愛好，問三老。」略加改題。然從今日我們的認知，「聞道有先後，術業有專攻。」老未必先聞道，老不一定具備某方面的技術才能，因此「學問若愛好，必得問三老。」這個命題是難以成立的。所以如果該題改成「事情愛做好，必得問三老。」才比較貼近事實。

從「若愛好，問三老。」這句俗語，使我想起年少時的故事。有一年，住對門的金水叔公七十大壽，要做生日，全庄子裡的人都來幫忙。前一天晚上，子時起有完福、許神等重頭戲。晚飯吃完，青壯開始準備「舂粢粑」，準備第二天作為宴請親朋好友的點心。粢粑舂完，大夥圍坐在布篷下擦汗歇息打嘴鼓，因為剛才使用的兩枝舂槌，已綻開不堪使用。大家七嘴八舌討論起舂槌的質料來，最後好像得出一個結論，火勝丈公、阿忠叔公、榮聖伯等……幾位長者一致認為：做舂槌一等的材料是柚子樹。

有一句俗話說：「楊梅飯匙石楝筷，楊杞碌碡柚木槌（用楊梅樹材做飯匙、用七里香削筷子、用杞柳樹製作碌碡都屬上等材料；用柚木做打米的木槌，經久耐用不會綻花）。」由這件事看來，「若愛好，問三老」確實不差。

37

衫愛親手連，子愛親腹生

1. 衫 愛 親 手 連 ， 子 愛 親 腹 生 。
   sam²⁴ oi⁵⁵ cin²⁴ su³¹ lien¹¹　zii³¹ oi⁵⁵ cin²⁴ bug² sen²⁴

2. 田 愛 親 耕 ， 子 愛 親 生 。
   tien¹¹ oi⁵⁵ cin²⁴ gien²⁴　zii³¹ oi⁵⁵ cin²⁴ sen²⁴

　　客家話說：「衫（衣服）愛（要）親手連（縫製），子愛親腹生。」過去的客家婦女，到了適婚年齡，大多要拜鎮上的裁縫師傅為師，學習針黹。因此，她們都擁有一雙巧手，舉凡一家大小的衣著，都能一手精心縫製，所謂「針頭線尾」，指的就是這個。

　　可能有人要問，為何成衣業尚未發達之前，鄉里間的西服、裁縫店生意興隆呢？原來他們賺的是人家的錢，忙碌得沒有閒暇，為自己或家人縫製衣服。談到縫製衣服，首先要選擇布料，要什麼質地？什麼花色？其次是設計剪裁，要怎麼樣的款式？長或短、寬還是窄？如果穿衣服的人，自己縫製的話，會最合身，最合乎自己的偏好、品味，這就是「衫愛親手連」的道理。

　　為何「子愛親腹生」呢？有一個傳說：從前有一對同父異母的兄弟，感情相當不錯。但這位母親卻只疼自己親生的兒子，對丈夫前妻所生（客話說「前人子」）百般虐待。

一天，這位繼母想害死「前人子」。把兄弟倆叫到跟前來。為他們準備好一個禮拜的乾糧和衣物，還有兩包花生的種子。囑咐他們到離家很遠的深山裡，兩塊不同的園地裡種植。並且要等到花生發芽，才能回家。兄弟倆各自拿了自己的衣物和花生的種子，告別了母親向山裡進發。來到岔路口，他們也走累了，便找個陰涼的樹下休息。

這時，他們打開花生的種子來看，哥哥那包的花生種子顆粒比較大，弟弟心想，顆粒大長得快。便對哥哥說：「我們交換好不好？」哥哥一向慈愛弟弟，毫不考慮的答應了。分手以後，不久來到種花生的園地，不消一天工夫都種好了花生。白天守候著園子，等待花生發芽，晚上住在工寮裡。這樣過了四、五天，哥哥種的花生發芽了，於是他高興的收拾好行囊回家。

回到家門一問，弟弟還沒回家。哥哥想，大概過一兩天吧！弟弟一定會回來的。可是三天過了、五天過了，弟弟還是沒有回來。原來母親準備的花生種子，給哥哥的那包是煮過的，弟弟那包是生的。半路上，經過調換以後，弟弟種的花生是不會發芽的，難怪等不到他回家。

現在農家的屋角，每逢晨昏，常常聽到有一種鳥，淒厲的叫著：「哥——哥……」聽說，這種鳥，就是弟弟餓死在荒山野地所幻化成的。

我寧可相信這只是傳說、只是寓言。雖然我們無法否認，過去的年代，人們或許有感慨：「子愛親腹生」的理由在。但是二十一世紀即將來臨的此刻，我們應該有民胞物與的胸懷，「子愛親腹生」這句話應該修正了。

38

食肉毋當養肉，捉蛤蟆毋當睡目

1. **食 肉 毋 當 養 肉 ， 捉 蛤 蟆 毋 當 睡 目 。**
   siid⁵ ngiug² m¹¹ dong⁵⁵ iong²⁴ngiug²　　zog² ha¹¹ ma¹¹ m¹¹ dong⁵⁵ soi⁵⁵ mug²

2. **食 肉 毋 當 養 肉 ， 看 戲 毋 當 聽 曲 ，**
   siid⁵ ngiug² m¹¹ dong⁵⁵ iong²⁴ngiug²　　kon⁵⁵ hi⁵⁵ m¹¹ dong⁵⁵ tang²⁴ kiug²

   聽 曲 毋 當 睡 目 。
   tang²⁴ kiug² m¹¹ dong⁵⁵ soi⁵⁵ mug²

據說世界上的蛙類有兩千多種，台灣現有的也有二十多種。多數人不能分辨，是樹蛙、赤蛙、還是小雨蛙……等，只是籠統的稱牠們為青蛙，或者蛤蟆。客家話倒有「蚜兒」和「蛤蟆」的分別。我住過農村二、三十年，怎麼分別蚜兒、蛤蟆？一時也說不清楚，只知道蚜兒小、蛤蟆大。

說起蛤蟆，我的興緻就高昂起來，因為童年積累了一肚子的蛤蟆經哪！從前農家，過完農曆年，農夫便「一場春雨動春鋤」起來。這時候水田漠漠，又值春暖，青蛙就在水田中產卵，我們稱牠「蛤蟆卵」，一顆顆筷頭般大小，圓圓的、柔柔的、膠質中有小黑點，顆顆相連成一團，每團少也有數百、上千顆。看起來是那麼晶瑩剔透、那

麼可愛。

過不了不久，你再來看牠，蛤蟆卵已孵化成蝌蚪，蝌蚪客話叫做「蚋鯰兒」。只要你打田埂經過，這成千上萬的蝌蚪，受到你的驚擾，會滿田游動起來。大人容不得小孩閒著，看見小孩游蕩，便會要你撈蝌蚪回家餵鴨，想起童稚時不知害死多少蝌蚪，不寒而慄。

蝌蚪很快長大，牠先長後腳，不久前腳也長出來了，過幾天尾巴也消失不見了。這時候牠再也不像蝌蚪那麼可憐，任人擺佈。你一走近，牠會立刻拔起四腿逃跑。

客家話穀雨蛤蟆。是說每年清明過後半個月，大概四月二十前後的穀雨，又到了蛤蟆產卵的季節，這時的蛤蟆也是最成熟、最肥美的。從前人們貧困，經年鮮有肉吃，而蛤蟆肉質鮮美，吃了又有清涼、解毒的功效，所以經常捉蛤蟆烹調佐餐。

說起捉蛤蟆，早稻收成後，我們選好一個沒有月亮的晚上，腰間繫上「竹簍」，背上背著蓄電池，手裡拿著手電筒，便輕聲細語的向水田進發。到了田中要立即禁聲，循著蛙聲前進，發現了蛤蟆的蹤跡，立即用手電筒一照，蛤蟆被這突如其來的強光震懾了，乖乖的一動也不動，我們慢慢地走進，單手捉住蛤蟆的脊樑，順手往腰際的竹簍一塞，再往他處尋覓新獵物。運氣好，不消個把鐘頭，便可滿載而歸。這些新鮮的蛤蟆，第二天統統便成我們的盤飧。然我們樂於捉蛤蟆，可不在乎飽餐一頓，而是夜行田中的新鮮，和滿載而歸的滿足。

捉蛤蟆沒什麼了不起的技巧，但是要犧牲晚上的睡眠時間。所以有些勞累了一整天的農夫，渾不知捉蛤蟆的樂趣，寧可睡覺，卻不肯為了吃蛤蟆去幹捉蛤蟆的勾當。

因此，在客家庄流行一句諺語：「*食肉毋當養肉，捉蛤蟆毋當睡目*。」意思是：吃肉不如養肉，捉蛤蟆不如睡覺。

現在人已經學會大量繁殖蛤蟆，吃蛤蟆很容易，蛤蟆料理已經算不得什麼珍饈。但我卻非常懷念小時候捉蛤蟆的野趣。

39

恁樣我咩會，害我詐病走去睡

1. 恁 樣 我 咩 會 ， 害 我 詐 病 走 去 睡 。
an^{31} ngiong^{11}ngai^{11} me^{55} voi^{55}　　hai^{55} ngai^{11} za^{55} piang^{55} zeu^{31} hi^{55} soi^{55}

「恁樣我咩會，害我詐病走去睡。」這句客家俗話的意思是：早知道這麼簡單，我也會，害得我裝病跑去睡。

據說，從前有一對夫婦，新婚不久就碰到村子裡秋收之期。輪到自己收割的前一天晚上，臨睡時，太太問丈夫說：「明天要做什麼粄當師傅的點心？」丈夫說：「挼呀圓，搭（拍的意思）呀扁。」

這位新婦，從來沒有聽說過什麼叫做：「挼呀圓，搭呀扁。」但又不好意思問，以顯示是自己無能。

因此，整夜輾轉反側，不曾闔眼。第二天一大早，丈夫醒來，看見太太還在睡，且低聲呻吟，問說：「怎麼啦？太太！」太太說：「頭疼得厲害，渾身不舒服。」

體貼的先生，安頓好太太，急忙趕到隔壁鄰居處，情商多一個人來幫忙割稻。自己當起家庭煮夫，洗手做起羹湯。忙完早餐，割禾師傅都出門上工後，他便忙著製作點心起來。

只見他將昨日磨好壓乾的粄粹，倒入「磨欄」（一種邊高約十公分，用竹篾編成的圓型竹器），再倒入幾團拳頭大的「粄母」（把粄揉捻成團放入沸水煮到半熟），使勁搓揉，直到粄粹極具韌性為止。然後分成均勻的一小塊一小塊，約小籠包大小，再「捼呀圓，搭呀扁」都做好後，像煮湯圓一般，倒入燒開的水中，煮熟了（它自然會浮在水面）便撈進預先備好少許糖汁的盆子裡，撈放一層粄就灑一層糖拌花生粉，這種點心，客話說：「爛湯粢」

丈夫剛開始在廚房忙亂，太太便起身在門外偷看。等到先生欲將點心拿到田間犒饗割禾師傅時，太太悄悄走進廚房，說：「恁樣我咩會，害我詐病走去睡。」後來，這句話便成為鄉里間，反諷嘲訕那些沒有什麼才藝的人。

傳播事業發達後，電視經常播出客家菜、客家糕點……製作的節目，如果你有心要學，必定不至於「恁樣我咩會，害我詐病走去睡」哩！

時至今日，農村解體，僅存的農家，已無過去那種農家豐年樂；現代化也使社會分工細密，糕餅粄點有專業製作者，農村的客家婦女，不必像從前，必須樣樣都精通，「恁樣我咩會，害我詐病走去睡」這句話也很久沒聽說了。

40

挨礱牽鋸，丈人老喊也毋可去

1. 挨　礱　牽　鋸　，　丈　人　老　喊　也　毋　可　去　。
ai²⁴　lung¹¹　kien²⁴　gi⁵⁵　cong¹¹ min²⁴ lo³¹ hem²⁴ ia¹¹ m¹¹ ho³¹ hi⁵⁵

客諺：「挨礱牽鋸，丈人老喊也毋可去。」意思說：挨礱、牽鋸是非常辛苦的差事。即使至親如老丈人有請，你也不可輕易答應從事。

到底挨礱、牽鋸是什麼樣的工作？為什麼辛苦呢？

現在我們買米做飯，方便至極。真空包裝、新鮮保存的米包，在街頭五步一家的超級商店、雜貨店，源源不斷的供應，無虞匱乏。

你可知道二、三十年前買米得到米店、精米所去。在還沒有精米所之前，人們吃米更是艱辛，遠的不說，現在年紀五、六十歲以上的人，都經過挨礱，磨穀成糙米；再踏碓、輪米、舂米，將糙米去糠成白米的歲月。

礱是一種有齒痕用來磨穀去殼的工具。它的構造是：用竹片編織成圍，內貯泥土，泥土舂實後，釘竹、木排為密齒，外形略像石磨，可破殼卻不損米。然後選用拐木，鉤住礱上的軸孔，再用繩子懸于樑上；置穀其中，兩人一組輪替，合力運肘轉動叫做

挨礱，又稱礱穀。穀是乾燥的，不像石磨磨米可以加水潤滑，所以挨起礱來十分吃重費力，因此挨礱的差事特別辛苦。

牽鋸是從前人家，將木頭縱剖成木板的工作。這項工作需要二人合作，將木頭豎立在地上，因為木材通常都五、六尺以上的高度，兩人須分立於木頭兩側的架子上，用「□（音 liau¹¹）鋸」一來一回的推拉。由於木頭紋理的關係，縱剖較之橫剖費力數倍。因而，牽鋸也是農家特別粗重的工作。

聽說，以前有一個做人女婿的，為了小舅子娶新婦，要木料整修房舍。秋收忙完之後，應丈人之邀，去幫忙牽鋸。新房整建完成之後，接著辦喜事的日子也到了。辦喜事要花費很多的米穀，要糯米做糕餅點心，要粘米當幫忙張羅喜事者的伙食，以及辦喜筵請客之用，一定要多準備一些，以免不足的窘困。

所以這位女婿，連續為丈人礱穀一個禮拜，折騰得幾乎不成人形。喜事辦完，回到自家鄉里，一兩個月不見，鄉親頻來問訊，他逢人便說：「挨礱牽鋸，丈人老喊也毋可去。」

41

捉蛤蟆愛掩嘴角

1. 火　烏　正　知　蛤　蟆　叫　。
   fo³¹　vu²⁴　zang⁵　di²⁴　ha¹¹　ma¹¹　gieu⁵⁵

2. 穀　雨　蛤　蟆　。
   gug²　i³¹　ha¹¹　ma¹¹

3. 牽　豬　哥　兩　條　索　，　捉　蛤　蟆　掩　嘴　角　。
   kien²⁴　zu²⁴　go²⁴　liong³¹　tiau¹¹　sog²　　zog²　ha¹¹　ma¹¹　em²⁴　zoi²⁴　gog²

我懷念家鄉，懷念在家鄉那段聽蛤蟆的日子。

「小邦坑，好是好，可惜無電火。蛤蟆臘蜗叫，當作 LA¹¹ ZI⁵⁵ IO³¹。」

這是一首高雄美濃客家庄的謠諺，我把「崩山下」改成我的家鄉「小邦坑」，也十分貼切。家鄉小邦第一鄰，十餘戶人家，遲到民國六十二年才來電。通電那晚，我徹夜不眠的景況，如今，還歷歷在目。對有電、沒電的好與不好，我的領會很深；對這首謠諺的體悟也很真切。

我記得很清楚，民國六十四年初春，還

沒來得及聽蛤蟆叫，便隻身來台北。回想四十年前，初到台北，舉目無親，加上頓時失去了依靠，一切都得自己來。才真正體會到鄉先輩說過的「火烏正知蛤蟆叫」這句老話的真義。

時序到了穀雨，有關穀雨，家鄉父老常說：「穀雨蛤蟆」意思是說：穀雨時節，正是蛤蟆求偶產卵的時候。大家都知道，蛤蟆性喜濕地。穀雨前後正是故鄉水田漠漠，秧苗成長，一片綠油油的初夏景象。夜幕垂下，蛤蟆嘓嘓，聲聲不絕。這樂音、這天籟，伴我入眠，好美、好美的回憶！

在那逢年過節才有魚、肉可吃的年代，每年這時有人利用晚間蛤蟆出沒的當口，捉起蛤蟆來做盤飧。聽說這時候捉蛤蟆很容易，只要用蓄電池或手電筒，引來強光，往蛤蟆出沒的地方一照，蛤蟆就乖乖束手就擒。根本毋需「牽豬哥兩條索，捉蛤蟆掩嘴角」。據說牽種豬去配種要備有兩條繩索，一根拿在手上驅趕；另一根則豬哥走累了耍賴不走時，套在豬脖子上用拉；要捉蛤蟆必得雙手掩嘴學蛤蟆叫，當作餌，引誘牠們出洞。

我並無捉蛤蟆的經驗，因為當年父親是抱持「食肉毋當養肉，捉蛤蟆毋當睡目」的心態，也因此，我第一次吃蛤蟆是來台北以後。現在想來，父親猶如先知。蛤蟆雖然沒列入保育類生物，但就台灣來說，農村的水田、都市的濕地日益減少，農藥普遍、大量使用，今天你到農村，白天已聽不到蟲鳴鳥叫、夜裡也不復聽見蛤蟆嘓嘓的歌唱。哎！寂靜的春天，真是寂靜的春天！

故鄉呀故鄉！水田裡游行的蚜鯰兒、覓食的白鶴兒、閒來無事唱唱歌的蛤蟆，都跑到哪去了呢？

42 捉賊在贓，捉姦在床

1. 捉 賊 在 贓 ， 捉 姦 在 床 。
zog² ced⁵ cai⁵⁵ zong²⁴   zog² gien²⁴ cai⁵⁵ cong²⁴

有一句客家老古人言：「捉賊在贓，捉姦在床。」可見客家先民也是「聽訟，吾猶人也」，必定講求證據。

談到「捉賊在贓」，使我想起一件很新的舊聞。

前不久，台北市陽明山新光家族吳如月住宅搶案，一案雙破，社會譁然。據說即使DNA 體檢不符，並有不在場人證，然搶案發生後，警方先已不當方式取得自白，接著法院又違反程序，未予責付即行羈押。自始即被士林分局鎖定涉有重嫌的四名少年，直到台北市刑事大隊宣布張朝亮強盜集團，這個搶案的真凶，才獲得清白，這個案子被冤枉的四名少年，正犯了沒能「捉賊在贓」的大忌，值得檢、警、調等司法人員警惕。

再說「捉姦在床」。由於社會型態丕變，國人的離婚率也與日俱增。根據統計，配偶發生外遇，是離婚原因的第一位，真正驗證了「外遇是婚姻殺手」這句話。不少婚姻的背叛者，憤怒的告上公堂，以懲罰對方。

我國民法雖然有，配偶一方得以對方與人通姦為由訴請離婚，然而捉姦不易，定罪更難。據一位法界的朋友說，有一對男女，共處一室，共睡一床，男著汗衫，女穿睡袍；且兩人否認發生性關係的說詞，經測謊鑑定為說謊。經檢察官起訴後，高等法院的法官卻以為沒有「積極證據」，做無罪的判決。聽說所謂「積極證據」，是指拍得姦淫行為的照片，扣得衛生紙、保險套、內衣褲以供化驗等。

　　今天的法律如此，不知道客家先民對「捉姦在床」的客觀定義如何？

43

時運一到，石頭變貨

1. 時 運 一 到 ， 石 頭 變 貨 。
   sii^{11} iun^{55} id^2 do^{55} sag^5 teu^{11} bien^{55} fo^{55}

2. 運 去 金 成 鐵 ， 時 來 鐵 是 金 。
   iun^{55} hi^{55} gim^{24} siin^{11} tied^2 sii^{11} loi^{11} tied^2 sii^{55} gim^{24}

　　客家話說：「時運一到，石頭變貨」
這在過去科學不昌明、民間充滿迷信的年
代，確實有些不得不信其解的道理。

　　近二十年來，由於工商業起飛，帶動許
多交通等工程建設，需石孔甌。因此，砂石
場如雨後春筍般，林立各地。

　　原本一文不值的石頭，現在有好多人卻
因它致富。真正應驗了「時運一到，石頭
變貨」這句話。

　　前幾天到鄉下，聽一位親戚說，他有一
個朋友，在檳榔價格正高的時候，花了很多
的成本，買檳榔苗、開墾荒地，滿山遍植
檳榔。經過幾年辛勤，等到有檳榔收成的時
候，檳榔價格卻狂瀉直下（客話說：便宜過狗
屎），連採收的工錢都沒有。

　　眼看血本無歸，誰不心灰喪志？除了每
天哀聲嘆氣外，只有聽任田園荒蕪。

　　誰知這時候，不知那裡飛來那麼多牧草

的種子，幾年不見，竟然在檳榔樹下長滿了茂盛的牧草，這牧草吸引了許多蝸牛，蝸牛又吸引滿山遍野的螢火蟲（螢火蟲性喜吸食蝸牛的體液）螢火蟲又吸引大批的觀光客。

於是這位朋友靈機一動，向政府機關申請許可，在檳榔園邊搭蓋了簡單的工寮，在檳榔園中開築步道。偷偷的做起小吃生意，賣山產、野菜；同時還以賞螢火蟲為號召。野菜、螢火蟲果然打動了久為塵務煩心的大眾飢渴心。每到黃昏，住在鄰近城裡的人們下班後，為了消除塵垢，帶著全家大小，開車趕上山來吃野菜、賞螢火蟲。

遊客平時就已不少，假日更是絡繹於途。光是手電筒的出租收入，已很可觀，更何況小吃店的生意。幾年下來，這位朋友已在鎮上購屋置產。

這個真實的小故事，不正為客家老古人言：「時運一到，石頭變貨。」做詮釋嗎？相信日據時代，讀過漢文的人都知道《增廣昔時賢文》這本書中，有一句話：

「運去金成鐵，時來鐵是金。」說一個人有時也不能不相信命運，運氣來的時候鐵會像金子一樣值錢；運氣不好的時候，黃金也會變成鐵塊。這和客家諺語「時運一到，石頭變貨」也不謀而合了。

話雖如此，但時代不同了，我還是相信，海明威在《老人與海》中，老人所說：「人是沒有運氣的！」要談運氣，等到事後再說吧！

44

挵雜貨的日子

1. 賺　有　錢　，　可　買　田　；
   con⁵⁵　iu²⁴　cien¹¹　　ho³¹　mai²⁴　tien¹¹

   正　出　穀　，　莫　起　屋　。
   zang⁵⁵　cud²　gug⁵　　mog⁵　hi³¹　vug⁵

　　五十年前，台灣還是一個農業社會。那時客家庄，流傳一句客家老古人言，說明累積財富的妙方。說：「賺有錢，可買田；正出穀，莫起屋。」意思是說：如果你剛賺有錢，要把那些賺來的錢，用作投資——譬如買田買地。田裡的五穀有了收成、有餘裕了，別急著蓋房子，因為住新房子是一種消費呀！

　　戰後第三年，我出生在苗栗大湖偏遠的窮山僻壤裡。我家對門住著村子裡的首富——阿耀伯一家。

　　當時便聽說阿耀伯十幾年前，就有不少積蓄，在外洋買了五、六分地足水田，每年生產近萬斤穀子，扣除生產成本、家用外，穀子悉皆出賣，變現儲存起來。村子裡的人，不論大小，路頭路尾碰到阿耀伯，都誇他有錢，勸他錢別一味的藏起來，日頭出來要搬出來曬一曬，細膩（小心）鈔票發霉！

　　俗話說：「水火無情。」一點不錯。那年八七水災，一陣大風雨，把原本阿耀伯住了二三十年的茅屋摧毀了。算算鳩工整修所費不皆，不如新造一棟房屋以遮風擋雨。

於是阿耀伯對外宣布：「過年前要蓋一棟新房子。」

那時村子裡交通不方便，村子裡生產的山產：竹木、桃梅李果……山上火炭窯燒成的木炭，要搬運到兩三公里外，才由卡車裝載運到外地去；相反的，起造房子的建材，打地基必備的砂石、水泥、覆頂的瓦片、砌牆的磚頭、石灰、鐵絲……等等雜物，還有新流行的各式化學肥料，喜慶宴會要用到鑼鼓……都得搬運入庄。

頭路微末的當口，大家聽到阿耀伯要蓋新房子的消息！全庄的人又多一項掙錢的機會，心裡都笑了起來。大人們準備好扁擔、絡索、菜籃、畚箕……小孩則找來奶粉罐，穿上繩子以便挑運砂子……總之，竭盡一切思慮，要賺阿耀伯一點錢。

我生在山村長在山村，二十八歲離開大湖來台北，山居的二十多年，這種跟隨大人挬雜貨的日子，數也數不清。挑瓦片、磚頭的機會不多，每年快過年時，一定有人賣山上的竹子、杉木……我們全家總動員，天還沒有亮，便結伴上山，搶著搬運竹、木。記得有一年，因為捨命挑運竹木，我的雙肩因此磨破了皮，當時，這種事不讓爸媽知道，只有妹妹看到那血淋淋擦拭過丟棄的草紙，才略知一二。

挬雜貨用勞力換錢，是辛苦的。但當你檢工錢（算工資）時，雖然挑一百斤才八元、九元，我們小孩，挬十天半月才領兩三百元，可以幫忙家裡掙些過年的開銷，也足夠將挬雜貨的一切辛苦都拋到九霄雲外。

時序進入立秋、處暑……有一句老話說：「蒔田蒔到處暑過，贏過同人挬雜貨。」意思說：插秧到秋後的處暑，雖寒涼將至，它的稻穀收成遠不如大暑、立夏……時插秧的很多，但總比跟人家挬雜貨好，其挬雜貨的勞苦不言可喻了。

45

屙屎嚇番

1. 苗　栗　先　賢　黃　南　球　，
meu⁵⁵ lid⁵ sien²⁴ hien¹¹ vong¹¹nam¹¹ kiu²⁴

屙　屎　嚇　番　謀　略　好　。
o²⁴ sii³¹ hag² fan²⁴ meu¹¹ liog⁵ ho³¹

開闢荒山立泰成，苗栗先賢黃南球；
屙屎嚇番謀略好，頭家英名千古留。

　　這首詩歌是苗栗地區客家鄉親傳唱的一首山歌歌詞。歌詞中的黃南球是台灣通史裡面，連橫筆下台灣近代史名列三大貨殖家之一。他是苗栗內山開發武裝拓墾的傳奇人物。

　　黃南球鄉人稱他為「黃滿頭家」，在鄉民的記憶裡，黃南球的名字不如「黃滿頭家」來得響亮。地方上的耆老一說起「黃滿頭家」都不由得豎起大拇指說他聰明有豪氣。也因為這個個性，結交了不少各路英雄好漢，這些人，就是他開荒拓土的助力，也是他白手致富，成為晚清台灣屈指可數的富豪的原因。

　　有關黃滿頭家開發苗栗內山時的傳說很多，由於他是漢人與原住民爭地的大頭目，

原住民簡直欲除之而後快。

有一次，原住民事先佈線查訪得知，黃滿頭家夜宿「打鑊析」伙房（鑊析是客語鍋子碎片的意思），就在半夜發動攻擊，原住民三、四十人攜弓帶箭，圍在伙房四周；一聲令下，萬箭齊飛，黃滿頭家在睡夢中被家丁吵醒，家丁們用火銃還擊，交戰了個把小時，仍不分勝負。家丁們喊糟啦！火藥（彈頭）快用完了，正在「怎麼辦？怎麼辦？」聲此起彼落，黃滿頭家急中生智走了過來，喊家丁們將伙房裡所有大大小小的生鐵鑊搬出來敲碎，將鐵鑊碎片充當火藥還擊，沒想到，殺傷力反而比較強，不多時便把原住民擊退。「打鑊析」的地名就這樣來的。

最難堪的一擺是（客語一次曰一擺），他帶著三、五個隘丁沿著隘線巡視隘務，有一天到了八角林，因為入山已深，受到原住民的奇襲，圍困多日，勢力單薄，無法殺出重圍，在糧盡援絕的處境下，只好和隘丁們喝自己的尿來維持生命。

有這次教訓，黃滿頭家更是想盡辦法要嚇退驅趕這些神出鬼沒的原住民到深山裡去。冬下頭（客語冬天的意思），有一天下午三、四點鐘，黃滿頭家集合了青壯的隘丁，佃戶七、八十人，列隊向山中前行，人人手持火把，天黑以後便點燃它，這樣走到半夜，到了山頭，燒火取暖，稍事休息，吃完稀飯點心後，第二天清晨兩、三點，這些隘丁、佃戶的青壯，便摸黑靜悄悄地循原路回到伙房休息。到了下午三、四點鐘，又照樣向另一山頭進發。這樣連續十幾天。看在原住民眼裡，狐疑憂慮自不在話下。他們心想：「山裡來了那麼多可惡的漢人，對我們一定沒什麼好事！」於是幾經社裡的長老聚議之後便決定往更深的山里退守了。於是黃滿頭家又再拓展了自己的勢力範圍。

又有一次，黃滿頭家命家丁將公館旁邊一弓五、六分熟的芎蕉（客語香蕉）採收下來，家丁疑惑地問：「芎蕉盡無咩愛有七、八分仔正好割，這下正五、六分仔，仰會做得割？（芎蕉至少要七、八分熟才可收成，現在才五、六

分熟，怎麼採收呢）」頭家說：「你別管這麼多，叫你採收，你就快去採收，然後把它悶熟。」家丁只好照做，幾天後，頭家又命家丁把溪邊的麻竹鋸下一段，然後將悶熟的香蕉剝皮，往竹筒裡拼命擠壓，倒出來後，家丁們異口同聲的說：「像屎樣仔！（像糞便一般）」只見頭家滿意得臉上堆滿笑容。他又事先要打造草鞋的家丁打製一雙大草鞋。

時近黃昏，頭家帶著家丁，捧著擠壓得像糞便的香蕉團，提著一雙大草鞋，把香蕉團擺置在原住民出沒的仄徑邊，同時用大草鞋印下幾個大鞋印，然後趁夜離去。這堆香蕉團經過風吹日炙。更像糞便一堆，這時正巧有一位原住民路過這裡，看到了這些糞便，又看到附近留下的大草鞋印，心想這群漢人中間，一定有魁梧的巨人，否則怎麼會有這麼大堆又大條的糞便和這麼大的腳印呢？於是魂飛魄散的跑回社裡，聲音急促的奔走呼告。就這樣，原住民又向後退了一大步。

黃南球拓殖苗栗內山，憑藉的便是他的足智多謀。「屙屎嚇番」的故事就是例證。

46　採茶入庄，田地放荒

1. 採　茶　入　庄，　田　地　放　荒。
   cai³¹　ca¹¹　ngib⁵　zong²⁴　　tien¹¹　ti⁵⁵　biong⁵⁵fong²⁴

2. 有　錢　看　採　茶，　無　錢　買　笠　母。
   iu²⁴　cien¹¹　kon⁵⁵　cai³¹　ca¹¹　　mo¹¹　cien¹¹　mai²⁴　lib²　ma¹¹

　　對客家戲稍有涉獵的人都知道，台灣的客家戲，是由大陸帶來的三腳採茶小戲，慢慢發展成改良的採茶大戲。

　　小時候，我不知道什麼叫做「三腳採茶」？什麼叫做「採茶大戲」？又為什麼客家戲要冠上「採茶」？只曉得春節期間，適逢寒假，村子裡學校的操場旁，臨時搭起戲台子，到縣城裡恭請媽祖婆來，演媽祖戲；關聖帝君聖誕的時候，關帝廟坪，也請來戲班子演戲；農曆七月，慶讚中元，義民廟前，也要演戲。秋收之後，鎮上又搭起戲棚演收冬平安戲。平常時節，除了蒔田、割禾……等農忙時期，每年總有好幾回，每回三、五天或八、九天，每天到了黃昏，便有「撮把戲」的小戲班子，有時三、五個人，有時七、八個人，帶來簡單的服裝、道具，在街角比較寬敞的地方，不用戲台，沒有砌末，便唱起戲、賣起膏藥來。

　　這些撮把戲的，有時變魔術、耍耍雜技、有時拉拉胡琴、唱唱山歌，以賺取賞

錢;大多時候,他們兩三個人唱著唱著,便唱起有情節的故事來,每唱到精采處,就停下來賣膏藥;賣得觀眾都不耐煩了,才又繼續唱。有時唱《陳世美》、有時唱《武松殺嫂》……其中有一齣《張三郎賣茶》是百唱不倦的。後來我才知道,由於這些跑江湖賣藝的,扮演任何故事都僅由二旦一丑呈現,同時經常演出的戲碼是《張三郎賣茶》的小戲。劇情又多涉及採茶、賣茶,所以習慣上就稱它「三腳採茶」。

此外,節慶廟會,在廟坪或學校操場,搭起戲台子,請來戲班子,上演的就是「三腳採茶」改良的「採茶大戲」。戲台的中央懸掛一面大布景,上面大都是山水畫,書寫著戲班子的名稱。這布景剛好把戲台中分為二,後台放置雜七雜八的戲服、道具,前台就是演戲的地方,俗稱「前棚」,前台兩側有吹奏敲打樂器的,俗稱「後棚」。台前用一根繩子拉一支麥克風,可以升降。文戲,說說唱唱都仰賴這支麥克風來擴音;武戲,才把麥克風拉高。

通常,這種外台戲,一演就兩天,大家稱它兩棚。每棚演兩齣,下午一齣,晚上一齣,一齣約三小時。現在七十歲左右的人,應該還清楚記得,那時流行的戲碼:《黃飛虎返五關》、《關公過五關斬六將》、《羅通掃北》、《薛仁貴征西》……都離不了《封神榜》、《三國演義》……這些歷史故事。它吸引觀眾的地方,應該是歷史人物的忠義、任俠精神吧!

從前,農村絕少娛樂,不管廟坪演平安戲、酬神戲,或是街角撮把戲、打採茶,村子裡的人們都會暫時放下手邊的工作,相招前往觀賞。是為了滿足人類心理需求,讓苦悶的、空虛的心靈得到慰安。這就難怪,客家人要自嘆「採茶入庄,田地放荒」了。

47

教子嬰孩，教婦新來

1. 教　子　嬰　孩　，　教　婦　新　來　。
   giau^{55} zii^{31} in^{24} hai^{11}　giau^{55} fu^{55} sin^{24} loi^{11}

2. 還　細　毋　搵　，　大　了　搵　毋　彎　。
   han^{11} se^{55} m^{11} vud^{2}　tai^{55} e^{11} vud^{2} m^{11} vang^{24}

有一天，我們全家團聚，非常熱鬧。

茶几上擺滿了各式各樣的零食，卻忘了收拾水果刀。剛學會走路的小姪兒，跌跌撞撞的來到茶几旁，啥都不要，只拿起那把水果刀把玩。媽在一旁看了，冒一身冷汗，叫我把刀拿開。我立即抓住姪兒的小手，硬把刀奪過來，那料姪兒卻哇哇大哭起來。我只好小心的把刀子又遞給他，哄它別哭。媽看在眼裡，厲聲阻止道：「刀仔搞毋得，做毋得分佢！（刀子玩不得，不可以給他！）」我說：「不給，他要哭哇！」媽告誡我說，他還小不懂事，連你也不懂事嗎？不能給的便不可給，要利用機會教導他：「『還細毋(不)拗，大了拗毋彎哪！』你沒聽說『教子嬰孩，教婦新來。』」這句話嗎？

「教子嬰孩，教婦新來」這句流傳在客家庄的老話，意思是：教導子女，要趁他們年幼的時候；教導媳婦，要趁其剛過門的

當口。

小時候住在鄉下，家家戶戶會養三兩條豬。記得小豬捉回來之後，母親會頻頻走到豬圈外，悉心的潑灑清水，口中念念有詞，意思是要小豬尿在這裡、便在這裡。果真，慢慢的小豬也養成了習慣，照著母親的意思，不敢隨處大小便。現在想來，媽也真懂得教導小豬適應新環境哪！

這裡用「教豬新來」來比擬「教婦新來」，雖然顯得不倫不類；甚至冒犯了全天下的女性同胞。然一個新嫁娘，要適應夫家的新生活，的確是不容易的事。這時候全靠翁姑的教導，以及做丈夫的指點了。反過來說，做丈夫、翁姑的如有什麼家規、習俗，要媳婦遵守，便要好好把握媳婦剛娶過門的時候。

小孩子、新嫁娘本來可塑性就高，因此「教子嬰孩，教婦新來。」雖然是句老話，卻還很有意義呢！

48

牽豬哥兩條索…做新娘企壁角

1. 釣　蛤　蟆　掩　嘴　角　，　牽　豬　哥　兩　條　索　。
   diau⁵⁵　ha¹¹　ma¹¹　em²⁴　zo¹¹　gog²　kien²⁴　zu²⁴　go²⁴　liong³¹　tiau¹¹　sog²

2. 做　覡　公　噴　牛　角　，　做　新　娘　企　壁　角　。
   zo⁵⁵　sang⁵⁵gung²⁴　pun¹¹　ngiu¹¹　gog²　zo⁵⁵　sin²⁴　ngiag¹¹　ki²⁴　biag²　gog²

客家有一句很有趣的諺語：「釣蛤蟆掩嘴角，牽豬哥兩條索；做覡公噴牛角，做新娘企壁角。」

客家人多山居，為了確保水田供水豐足，每每在田園高處，覓一陰濕有泉水的地方，開鑿水塘貯水，以利灌溉。又在塘中灑放魚苗，平時割草餵魚，年節便可賣魚來增添所費，或捕做盤飧。魚塘的收益還不只此，它還會自然而然的引聚一大群的蛤蟆，每當夜裡，牠們便唱起歌來，慰勞辛苦了一天的人們。

一些雅好蛤蟆肉清甜可口的人，常利用晚飯後，拿起釣具，到魚塘邊釣起蛤蟆來。聽說釣蛤蟆有一個技巧，就是雙手半合搗在嘴邊，然後張口學蛤蟆叫，這樣便可以引出蛤蟆來，所以說「釣蛤蟆掩嘴角」。

養豬是客家人不可或缺的副業。客家人將驅趕種豬，到養有母豬的人家去配種，叫做「牽豬哥」。

牽豬哥的人，為什麼要拿兩條繩子呢？你想知道吧！是這樣的，牽豬哥的人，手中都要拿著一根短樹枝，樹枝一端繫上短繩，用來驅趕豬哥。豬哥肥大，走累了常會在路邊耍賴，臥地不起，這時，牽豬哥的，便將披在肩上另一條比較長的繩子，拿來套在種豬胸前使命拖拉，因此說牽豬哥要兩條索。

覡公，是從前替人向鬼神祝禱的男性；客話說「噴」，就是吹的意思。民俗中，小孩夜啼或受到驚嚇；成人久病而藥石罔效，則疑是撞到神、遇到鬼；此刻便要請覡公來收驚、驅鬼、制煞……等。覡公做起法事，常常口吹牛角，其聲嗚嗚，平添肅穆詭異。這就是「做覡公噴牛角」的由來。

傳統的客家婚禮，新娘下轎後，隨即引至男方祖宗神位前，與新郎一同用禮香拜祖。拜完祖，新郎和牽新娘的好命婆，雙雙牽引著新娘入洞房。不知為什麼？也不知從何時起？新娘要在新房的牆角，頭罩紅綢的羅帕俯首而立。想不到吧！「做新娘企壁角」，還含藏著一段客家傳統的婚俗呢！

49

細火煲肉，大火煮粥

1. 細　火　煲　肉　，　大　火　煮　粥　。
se⁵⁵　fo³¹　bo²⁴　ngiug²　tai³¹　fo³¹　zu³¹　zug²

2. 細　豬　愛　游　，　大　豬　愛　囚　。
se⁵⁵　zu²⁴　oi⁵⁵　iu¹¹　tai⁵⁵　zu²⁴　oi⁵⁵　ciu¹¹

　　回想五十年前的農家，每到晚稻收成，是各項農事可以緩辦，不急著做的時候。當此農閒時節，大家多利用來修繕房子、蓋新房，進而辦理入新屋（喬遷）等人生大事。甚至討心舅（娶媳婦）、做生日……等活動。

　　還記得，有一首兒歌：

　　阿鶩箭，阿鶩唧！上屋叔婆做生日。愛分我去也毋分我去？害我打扮兩三日！

　　兒歌裡充分表現了孩子想參加叔婆生日宴會之渴望的童趣。

　　我在做孩子的當口，也非常喜好人多、熱鬧的氣氛。鄰家辦喜事，最快樂的可是我們這群孩子，上下年紀（差不多大小），平常唸書不同班，不能湊在一起，村裡有喜事，有三、五天得與鄰居熟朋友，玩捉迷藏、扮家家……等遊戲，在「做好事」主人家，穿上穿下，是一件童年樂事。

那時，客家鄉村，「做好事」當天中午，宴請親友是重頭戲。五十年前，宴請賓客都在主人家裡。事前、事後，鄰居都來義務幫忙，由辦喜事的總幹事發出桌凳單，每張桌凳單，要負責跟鄰家借三付桌凳（八人坐方桌），一枝托盤，宴會時負責端此三桌的菜餚。記得，當年菜式也固定下來，有所謂的四炆四炒，炆鹹菜、炆筍乾、炆爛肉、炆蘿蔔……魷魚炒肉、薑絲炒大腸、王梨炒豬肺、芹菜炒豆腐皮……等等。

記得，金水伯公入新屋那次。我們一群小孩子，玩躲貓貓玩累了，不約而同的跑到「禾埕」一角，「捍焗缽」的阿福叔旁。阿福叔正在「炆爛肉」，他將臨時堆疊的爐灶內熊熊烈火退去。儘剩一爐子通紅「火屎」（炭火），剛煮開一塊塊正在鍋裡急舞跳動的五花肉，變成慢舞在鍋中。

我那時年紀雖小，但一向好問，我問叔叔：為什麼要改用小火？叔叔說：「煮稀飯才用大火，大火煮出來的稀飯才ㄅ（音 bi²⁴，

濃稠）才好吃。燉煮爛肉（五花肉），則用小火，肉質會慢慢熟透這樣比較好吃。所以老一輩的長者說：「大火煮粥，細火煲肉。」老古時人真是很有經驗和智慧啊！

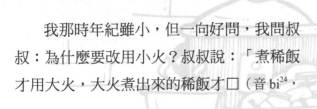

50

莫到衰，煲水會浹煨

1. 莫 到 衰 ， 煲 水 會 浹 煨 。
   mog⁵ do⁵⁵ soi²⁴　bo²⁴ sui³¹ voi⁵⁵ giab² voi²⁴

2. 老 鼠 爬 牆 ， 家 賊 難 防 。
   lo⁵⁵ cu³¹ pa¹¹ ciong¹¹　ga²⁴ ced² nan¹¹ fong¹¹

3. 人 衰 無 路 ， 鬼 衰 上 樹 。
   ngin¹¹ soi²⁴ mo¹¹ lu⁵⁵　gui³¹ soi²⁴ song²⁴ su⁵⁵

　　九二一世紀末大地震，帶給台灣莫大劫難。總統先生心焦如焚，數度親臨災區訪視、慰問受災民眾。有一次到埔里，總統座機的前導直升機，要降落埔里國中操場時，由於螺旋槳的強風，颳倒操場旁邊的一棵鳳凰木，壓傷兩名女童，其中一人送醫不治。我們一家圍坐在電視機旁，看到這則不幸的報導時，一旁的父親，嘆口氣說：「莫到衰，煲水會浹煨。」我了解，父親意在慨嘆禍不單行。

　　客家話稱燒水為「炙水」、「暖水」、或「煲水」，浹是沾黏的意思，煨則是一種炊煮食物的陶製品。燒水粘鍋，是不可能的

事，果真如此，那一定是霉運當頭衰到至極了！因此，「莫到衰，煲水會浹煨。」這句客家諺語就是說：人倒霉的時候，就連燒水都會粘鍋。

我們廚房裡的煮食器具，在還沒有大量使用金屬之前，一般家庭都用陶器製品，常見的有盆、缽、煨兒、焗鏢。盆、缽客家話說盆頭、缽兒，是一種高約一尺、徑一尺多的圓柱體容器。盆頭、缽兒的差別，在於缽兒開口稍大底部較小。它們大都用來貯存煮熟的食物，偶爾也拿來直接溫熱。至於焗鏢(××羊肉爐還再使用)、煨兒(比焗鏢稍小，有柄)，則常被用來置於火爐(客家話稱風爐)上，用炭火炊煮食物。由於焗鏢、煨兒這種陶器，加熱速度慢，但保溫持久，所以燒煮出來的食物，特別可口。唯獨煮食要用文火，一定要心無旁騖，隨時注意火勢，千萬毛躁不得。否則稍一不慎，火勢過猛，就容易粘鍋，甚至燒焦或裂鍋。炊煮食物粘鍋，相信很多人都有此經驗。然而煮水粘鍋，未免太不可思議了，只有拿倒霉透頂來解釋了。

任誰面臨災難，心靈難免悲悽、焦躁不安，進而怨天尤人。甚至，有人鎮日精神恍惚，注意力渙散。因此之故，不幸便接二連三的發生。所以，我們一旦遭逢劇變，千萬要心平氣和的面對。唯有冷靜沉著，方能心思縝密，激發出堅毅不拔的潛能，思考出最萬全妥適的對策，快步走出悲傷的陰影。

51 魚幫水，水幫魚

1. 魚 幫 水 ， 水 幫 魚 。
   ng^11 bong^24 sui^31　　sui^31 bong^24 ng^11

平時忙碌，暑假，特地安排時間，回苗栗故鄉探望長者。彼時，適逢國內政壇擾嚷，卡位之說甚囂塵上。閒談中，長輩憂形於色。

他說：「團體中的每一成員都要有『你幫助我我幫助你』的觀念，不分彼此，相互扶持，這個團體才會進步向上，不畏外侮……。」最後，他為此作了結論：「就像我們客家人說的：『魚幫水，水幫魚』哪！」

水能幫魚，人盡皆知，但魚怎麼能幫水呢？我帶著疑惑，與長者告別。此後，這個問題一直纏繞在我心中，久久不能釋懷。

直到有一天，在沙發上閒坐，看到客廳一隅的水族箱，原本裡頭十條小錦鯉，因不耐酷暑相繼死了，一一被內子撈棄，眼前所見，只剩一缸死水。我突然有所悟，高興得跳起來。我知道了，我知道魚怎麼幫水了。

沒有魚的水是多麼單調，多麼沒生機啊！

這個魚水相幫的話語，正點出了我們生活的周遭，人與物彼此依賴、相互依存的道理。其實何只人與物？人與人之間又何嘗不如此？

你沒聽說「一日之所需百工斯為備」嗎？想想看，一天中生活所需，包括食、衣、住、行……那一樣不是需要各行各業的人，才能為你準備齊全。我們能夠生存在這世界上，能夠不斷的提高生活品質，這都是全天下無量數不管識與不識的人所賜與。因此，你我之間相親相愛、彼此扶持唯恐不及，又豈能鉤心鬥角、你爭我奪，來抵銷志氣、分散力量呢？

朋友「魚幫水，水幫魚」是一句好話。如果想要家庭和諧、社會國家安寧進步，那麼請人人都把「魚水相幫」的道理永銘心中，好好力行實踐吧！

富從升合起

1. 富 從 升 合 起 ， 貧 由 不 算 來 。

   fu^{55} ciung^{11} sii^{24} kab^2 hi^{31}　　pin^{11} iu^{11} bud^2 song^{55} loi^{11}

2. 頭 箍 上 頭 ， 代 代 出 諸 侯 ；

   teu^{11} keu^{24} song^{31} teu^{11}　　toi^{55} toi^{55} cud^2 zu^{24} heu^{11}

   麻 衣 上 身 ， 升 量 米 、 斗 量 金 。

   ma^{11} i^{24} song^{24} siin^{24}　　sin^{24} liong^{11} mi^{31}　　deu^{31} liong^{11}gim^{24}

3. 貧 居 鬧 市 無 人 問 ，

   pin^{11} gi^{24} nau^{55} sii^{55} mo^{11} ngin^{11} mun^{55}

   富 在 深 山 有 遠 親 。

   fu^{24} cai^{24} ciim^{24} san^{24} iu^{24} ien^{31} cin^{24}

客家有一句俗諺：「富從升合起，貧由不算來。」這話是說：有錢人家是從小處的積累，窮苦人家，不是用度多少，是因為不懂分配的緣故。勸人必須節儉，要懂得量入為出。

前幾個月，一天，一位初中時期的好友賴兄，從中壢來電，詢及年幼時容量單位，

他熟知常用的斗、升，比升小的合，因少用不復記憶，不知家鄉話怎麼說？我從「富從升合起，貧由不算來。」這句俗諺得知：「合」讀成 $<kab^2>$，我查也不查，電話中立刻回復。

這事使我回憶起，四、五十年前住在鄉下的往事。

那個年頭，村子裡哪家死了人、有喪事，境內的鄰居自動前往治喪，喪家一定要準備「米斗」作為香爐（窮苦人家必須借用），喪事期間，由長子或長孫端著「米斗」，這是我對「米斗」的第一印象；還有客家人每逢婚、喪、喜、慶，都有「講四句」說好話的習俗。例如：治喪期間，有族中長老或外家長者為喪家子孫穿上喪服的儀式叫「成服」，「成服」時長者講四句，說：「頭箍上頭，代代出諸侯；麻衣上身，升量米、斗量金。」貧窮年代，有升量米是一種渴望，更別說「斗量金」了。「米升」是家家必備，放在廚房一角的米房內，做為三餐煮

飯量米之用，大致用昔日的果汁罐頭，切除一端鐵片而成；一桶約當一升米。至於「合」真的就很少用到了。

容量的單位，比「斗」大的是「石」。山上農家，米穀收成，要將濕穀子從田裡肩挑搬運到家裡曬穀場；家裏的乾穀子，要挑到街上的精米所精米回來，那時使用裝盛的載具，就是「米籮」，有「石二籮」、「石四籮」、「石六籮」……等大小的不同，大的有二石的，一個籮筐可容一石穀子的意思。那時鄉間道路，時常看見肩挑手提圖。到了假日，主中饋的媽媽，用米籮挑半擔多穀子，後面跟著學齡子女一、二，用帆布袋挑兩袋穀物，用意明顯，減輕母親的擔負。

「升」、「合」是微量的，但是，那些富有人家不是自微量的積聚得來？「涓滴之流，可以成江海」正是這個道理。貧窮之家，都是不懂將所得好好分配，所謂量入為出。這些，先民早知道：「富從升合起，貧由不算來。」

53 愐計，贏過做事

1. 愐 計 ， 贏 過 做 事 。
men[31] gie[55] iang[11] go[55] zo[55] se[55]

2. 殺 猛 婦 人 撿 樵 燒 ，
sag[2] mang[24] fu[55] ngin[11] gien[31] ceu[11] seu[24]

聰 明 婦 人 刨 钁 頭 。
cung[24] ming[11] fu[55] ngin[11] pau[11] vog[5] teu[11]

一日，一早起來，發現停放在自家門口的車子 ，左後門肚被撞了個凹。氣也沒用，於是當下拿來螺絲起子，拆下內門板，想把凹陷處推擠還原。但是凹陷處內側正有一根橫樑擋住，徒手無法使力，任憑我怎樣用力搥打，凹陷依然。炎炎夏日，兩三下使我大汗淋漓。

爸爸大概聽到我的嘆氣聲，從屋裡走出來，問明究竟。便在門前門後細細打量，然後悄悄走進屋內。拿了一根腳拇指般大的鐵棒。伸進門內橫樑處，輕輕一按，只聽「砰」的一聲，凹陷處應聲復原。如果不仔細看，還發覺不出來有被撞的痕跡呢！對著爸爸我報以感激的眼神，只聽他輕聲說：「愐計(想計策的意思)，贏過做事。」

「恬計，贏過做事。」這句話，使我想起三國演義《用奇謀孔明借箭》的故事。

話說三國時代的吳蜀聯軍，欲破曹操大軍。有一天，聯軍集合眾將密商，決定大江之上用兵，兵器以弓箭為先。周瑜立即請孔明十日之內監造十萬枝箭，孔明回說：「苦候十日，必誤大事。」因此答應三天內交出十萬枝箭。

孔明趁周瑜派魯肅來探虛實之際，向魯肅求借得二十條船，每船配置軍士三十人，船上都圍上青色布幔，各豎立一千個草人在船的兩邊。

第一天，不見孔明動靜，第二天還是沒動。到了第三天四更時分，下令借來的二十條船，用大繩相連，開向江的北岸。此刻大霧漫天，江中霧氣更重。五更時候，船已開進曹操的水寨。孔明要二十條船一字排開，並令軍士擊鼓吶喊。

曹軍半夜聽得鼓聲，軍士飛報曹操。曹操傳令：「重霧迷江，彼軍忽至，必有埋伏，切不可衝動。可撥水軍弓弩手亂射之。」於是曹操調來弓弩手一萬餘人，盡向江中放箭，一時箭如雨下。不久，孔明叫船掉頭，一面擂鼓叫喊，一面使船逼近水寨受箭。等到天漸明霧漸散，孔明下令撤船急回。

回到江岸上細數，每船受箭五、六千，合計超出十萬很多。

客家話說：「恬計，贏過做事。」證之孔明不費半點箭竹、翎毛、膠漆等物，短時間內，即得到十萬枝箭，一點也不誇張。更難怪還說出：「人有孔明計，毋（不）怕曹操百萬兵。」的話了。

54

掌牛哥仔面黃黃，三餐食飯愛撈糖

1. 又　可　嗷　又　可　笑　，
iu⁵⁵　ho³¹　gieu⁵⁵　iu⁵⁵　ho³¹　seu⁵⁵

阿　公　治　老　貓　，　阿　婆　擎　刀　鞘　。
a²⁴　gung²⁴　cii¹¹　lo³¹　meu⁵⁵　　a²⁴　po¹¹　kia¹¹　do²⁴　seu⁵⁵

　　初冬的台北，細雨紛飛，正是懷舊的季節。窗外三項公職人員選舉選人的宣傳車，散播聲嘶力竭的拜託，響徹雲霄。想到自己一介市民，還有當家作主的時刻，真是喜從衷來，不由自主高呼—民主萬歲。

　　順手抽取案頭堆積如山的競選文宣傳單，瀏覽之餘，感觸良多。小時候，「苦到痀痢肚」(窮極)的我，到如今還不免談「窮」色變。沒想到可怕的貧窮，竟然成了許多候選人爭取選票的訴求；競相標榜自己如何如何窮過：有的當過鐵工，有的下過礦坑，有的賣過豬肉，有的曾在農村「掌牛」(看牛)。

　　「掌牛」，撩起我對童年與牛為伍的回憶，耳際又想起：「掌牛哥仔面黃黃，三餐食飯愛撈糖；掌牛哥仔面青青，跌到深潭敬嗊聲」的兒歌。想起「食飯撈糖」(吃糖拌飯)的童年往事真有說不盡艱辛的甜美。

「細人仔」（小孩子）食飯撈糖，「一碗過（接）一碗」，糖吃完了，便哭喪著臉，這種種「鴨母絡食無知坑窮」（母鴨覓食不知窮盡）的往事，歷歷在目。

「撈糖飯」是童年的美食之一，每當放學回家，或是幫作農事之餘，飢渴無比。這時添一碗冷飯，舀一條羹烏糖，走到桂花樹下。坐在石板上，將糖與飯攪勻，大口大口的扒入嘴肚，正是童年時代無上的享受。有時，米飯較硬又散，就在糖飯中，酙一些開水攪和著吃，有「米篩目」（粄類的一種）的風味，令人懷念。還有一種吃法是：飯撈糖又加「蕃豆」（花生米）。自家種的蕃豆收成以後，母親會炒一些珍藏在玻璃罐裡，以備不時之需一有「人客」（客人）來時加菜之用。這時，如果找到家裡還藏有花生米，偷偷抓一把（怕被弟妹發覺，都吃光了，或向母親告狀，那是不好玩的），撒在糖飯中，攪勻後吃，飯是半鹹甜的，花生入口有股「承牙」的香脆勁，過癮極了，而今思之，仍為之垂涎欲滴。

糖飯好吃，但非常有；因為農村窮困，入不敷出，那有閒錢買糖？還是在豬菜窩肚尋蕃薯的日子多，偶有冷飯「撈豆油」（拌醬油）已經不錯啦！不過，有時候，從農地回來，已經餓得「肚筒變背囊」（餓極了），這時，冷飯無存，幸好熱飯已經煮好，母親善解人意，盛好一碗熱騰騰的飯，再在豬油盎中舀一條羹白白滑滑的豬油，灑幾粒鹽於碗中，攪一攪，端給我。這種豬油飯，冷熱適口、油而不膩至今難忘。當時，對豬油含高膽固醇，對心臟血管不好，渾然不知，所以吃了不少；即使知道，餓極了也會不管三七二十一吧！豈能體會「但求溫飽」的辛酸？

走過貧寒歲月，我沒有自卑，反而堅強而自信；只因走在坎坷的人生路上，我雖然沒穿鞋子，但是我看過斷了雙腳的人；那些年，我吃醬油拌飯，卻有同年嚼米呢！

55

揀揀擇擇毋是爛瓠勺

1. 揀 揀 擇 擇 擇 到 爛 瓠 勺 。
   gien³¹ gien³¹ tog⁵ tog⁵ tog⁵ do³¹ lan⁵⁵ pu¹¹ sog⁵

2. 嫌 貨 正 是 買 貨 人 。
   hiam²⁴ fo⁵⁵ zang⁵⁵ he⁵⁵ ma²⁴ fo⁵⁵ ngin¹¹

3. 千 揀 萬 揀 爛 燈 盞 ，
   cien²⁴ gien³¹ van⁵⁵ gien³¹ lan⁵⁵ den²⁴ zan³¹

   千 擇 萬 擇 爛 瓠 勺 。
   cien²⁴ tog⁵ van⁵⁵ tog⁵ lan⁵⁵ pu¹¹ sog⁵

民主的可貴在於有選舉。大凡一個越開放、越進步、越民主、越自由的社會，必定提供民眾越多的選擇機會。從前專制時代，「皇帝爺」死了，讓位給皇帝兒子，「戀戀咩無法」！此外經過科舉考試，中舉人、中進士，便可授官、封爵，有才沒品無人管，

苦的是老百姓。

現在時代不同了、民智大開了。不只縣市長、鄉鎮長的選舉「相爭剝壢歧（kia⁵⁵）」；君不看省市長民選、總統直選的訴求，早已形成朝野的共識。客家有句諺語：「揀揀

擇擇擇到爛瓠勺」，如果說是勸人「凡事不要過分挑剔」則可。要是說是對人間事務「親彩」好，一切隨緣任命，逆來順受，不必加以選擇，則期期然不可。道理很簡單，古時「日出而作，日入而息，帝力於我何有？」的環境早已不復存在。現今我們不但對代議士要嚴加選擇，對直接為縣市民眾服務的百里侯，更應該「剝金目珠」慎重選擇，「揀揀擇擇正毋會擇到爛瓠勺」。

至於如何選？怎樣投出我們神聖的一票？也就是說好的候選人要具備那些條件？這裡提出幾個看法：

首先，好的縣市長候選人，必須清廉正直。清廉的操守就是「苟非吾之所有，雖一毫而莫取」的「硬殼精神」；正直即勇於任事之謂，凡事遇到困難、挫折，能勇敢面對，不畏權勢，義之所在，「雖千萬人吾往矣」的態度。這些可從候選人過去的行事詳加考察，做事清清白白，無事不可告人；擇善固執，具有「包青天」精神。不搞金錢、不怕強權者是。

其次，好的縣市長候選人，必須熱愛鄉土。一個把人生終極的關懷放在生我、長我鄉土的人，必定能常常和民眾在一起，真誠的探求民隱；和民眾打成一片，深切的了解民眾的需要。處理縣政無它，就是解決民眾的困難、滿足民眾的需要、提昇民眾的生活品質，如是而已。所以投票之前，仔細訪查候選人是否具有親和力、草根性，是否洞悉全縣民眾的需要和疾苦，是相當必要的。

最後，好的縣市長候選人，須具備前瞻的眼光。縣市長好比引導汽車前進的「運轉手」，是帶領全體縣民邁向「更好明天」的角色。所以對縣政的規劃施為，一定要設想到民眾未來的福祉。俗話說：「錯誤的政策比貪污更可怕。」道理就在這裡。因此當縣政的最終決策者，下決定時，一定要有整體、前瞻的眼光及理想的堅持，這樣才能為百姓及其子孫造福。所以我們選前也要在偌多的候選人中好好「揀揀擇擇」一番才是。

台灣三百年，最近才跟跟蹌蹌地走向民主，真民主不是由選務機關辦幾次選舉而已，重要的是看民眾如何「揀擇」。

56

朝朝三錢薑

1. 朝 朝 三 錢 薑 ，
zeu²⁴ zeu²⁴ sam²⁴ cien¹¹ giong²⁴

餓 死 街 頭 老 藥 坊 。
ngo⁵⁵ si³¹ gie²⁴ teu¹¹ lo³¹ iog⁵ fong²⁴

2. 清 明 芋 兒 ， 穀 雨 薑 。
ciang²⁴ miang¹¹ vu⁵⁵ e¹¹ gug² i³¹ giong²⁴

　　市場的菜架上，又可以看到成堆成籃的生薑，這對於生在城市、長在城市的新新人類來說，是不會有什麼感覺的；但對於像我來自山林，如今卻又遠離山林，對農事季節感覺敏銳的人來說，看到菜架上的生薑，立刻激起我童年的片片回憶，腦海充塞著熟稔的客家諺語。

　　客家話俚語「清明芋兒，穀雨薑」說的是，每到了清明，便是種芋的時節。半個月後，穀雨前後便要種薑了。

　　穀雨種薑，經過農夫一番勞苦之後，如果您在五、六月採收它，是嫩薑；等到九月再採收，便叫老薑（頭）了。

嫩薑纖維少，柔嫩多汁，普通人家多拿來像醃製泡菜般，醃製生食。醃製過的嫩薑，有點辣又不太辣，十分下飯。從前鄉下孩子，上學帶便當，很多都是白飯配這種嫩薑的，現在回味起來，還會口水直流呢！老薑水分變少，纖維增多，辣味變重，除了廚房裡作為做菜的佐料外，還可製成薑粉、薑糖、薑茶……等。聽說，香料及食品工業者，也常用老薑蒸餾以製取薑烯、薑油酮，成為香精油。嗳！生薑之用大矣哉。

客家話還有句俚語說：「朝朝三錢薑，餓死街頭老藥坊。」

因為生薑含有薑辣素，中藥上常拿它來做發汗劑，治疝氣和驅風。當過兵的朋友最清楚，萬一出操遇雨，回到廚房，廚房的火頭軍一定會準備妥一大桶一大桶的薑湯，值星官還要站在薑湯桶旁，監視每一戰士喝下薑湯，以免傷風感冒。客家祖先也提供後代子孫每天吃些許生薑(三錢薑)，以預防風邪，不必看醫生，不必打針吃藥。老藥坊本來是

說老藥鋪，這裡借代為漢醫先生。整句俚語的意思是：每天吃少許生薑，可以預防傷風感冒，甚至百病不侵，街頭的藥鋪生意淡，藥鋪裡的漢醫先生都要餓死了。

當然，大家都知道，身體的保健，重要的是均衡的營養、適度的運動、充分的休息。我想，除此之外，照客家祖先的說法，每天吃下少許的生薑，或許更具抵抗力吧！

敢去一擔樵

1. 敢　去　一　擔　樵　，　毋　敢　去　屋　下　愁　。
gam³¹　hi⁵⁵　id²　dam²⁴　ceu¹¹　　m¹¹　gam³¹　hi⁵⁵　vug²　ka²⁴　seu¹¹

2. 人　無　人　緣　人　欺　死　，
ngin¹¹　mo¹¹　ngin¹¹　ien¹¹　ngin¹¹　ki²⁴　si³¹

　　菜　無　菜　園　雞　啄　死　。
co⁵⁵　mo¹¹　co⁵⁵　ien¹¹　ge²⁴　dug²　si³¹

3. 小　雪　大　雪　，　煮　飯　無　停　歇　。
seu³¹　sied²　tai⁵⁵　sied²　　zu³¹　fan⁵⁵　mo¹¹　tin¹¹　hied²

　　從小媽媽就教我要有人緣、要我「有社會」，「有社會」就是多結善緣、多與人為善、多結交朋友的意思。客話也說：「人無人緣人欺死，菜無菜園雞啄死。」告訴我們人要有人緣，猶如菜要有菜園一般。

　　說起菜園，使我想起二次世界大戰後，農村婦女「核尿桶」、「摸菜園」的往事。「摸菜園」一般指婦女在菜園裡用心，大凡如在園裡鋤地、灑種、育苗、植株、澆水、拔草、施肥、捉蟲、搭棚、樹架……等雜役；昔日農業社會的農家需肥孔亟，人排泄的尿

液，是很好的天然肥料，因此，家家戶戶至少有兩個木桶，放在臥室的角落盛尿。「核尿桶」是說尿桶的尿已盛滿了，必須將它挑至菜園或其它農地澆灌施肥。往昔男主外女主內非常明顯的社會，通常「摸菜園」、「核尿桶」的工作，都由主內的婦女擔綱。

母親是一個吃苦、勤勞的典型客家婦女，打我有記憶開始，媽媽不只要「摸菜園」、「核尿桶」，還要「割牛草」（割草餵牛）、「檢樵权」（砍柴燒火）……

一個收冬後的午後，媽「核尿桶」從菜園回來，馬上又拿起草鐮、竹楎，上山「割牛草」。有句話：「小雪大雪，煮飯無停歇。」冬天晝短夜長，媽媽從菜園忙回來，已近午後四點，不多久，就要天黑了，媽還要到草木凋零的山上割草料餵牛？不摸黑回來才怪！我心裡想著。

可是，一個多鐘頭後，媽挑著一擔青草回來。我正狐疑她是怎麼做到的？她卻教訓

我說：「恬計，贏過做事。」冬下頭，哪都燥絲絲欸！愛尋坑唇水嘴、較低囊介位所，正有草可割。還過毋可放過路唇介一條草，行路正毋會宕工。

母親凡事認真思考，常收事半功倍的效果；她又深具耐心，割草餵牛，絕不放棄路邊的任一根草。因此，上蒼顧念她那積少成多的堅持，使他花很少時間，卻得到不少的收穫！她說：「無麼介！老時人講過：『**敢去一擔樵，毋敢去屋下愁。**』」這是她的長處，是該我學習的地方。

無油打暗摸

1. 有　油　三　盞　火　，　無　油　打　暗　摸　。
　　iu²⁴　iu¹¹　sam²⁴　zan³¹　fo³¹　　mo¹¹　iu¹¹　dai³¹　am⁵⁵　mo²⁴

2. 有　薑　莫　刨　皮　，　愛　想　無　薑　時　。
　　iu²⁴　giong²⁴　mog⁵　pau¹¹　pi¹¹　　oi⁵⁵　siong³¹　mo¹¹　giong²⁴　sii¹¹

3. 有　時　省　一　口　，　無　時　有　一　斗　。
　　iu²⁴　sii¹¹　sang³¹　id²　heu³¹　　mo¹¹　sii¹¹　iu²⁴　id²　deu³¹

那天晚上，正值兩個兒子考期需要用功夜讀的當口，突然停電。經過一陣荒亂，我點著蠟燭，要他兩兄弟好好同坐一張飯桌前，共用一支燭光用功。

沒想到出生在文明社會的兩個兒子，異口同聲的叫到：「這麼暗怎麼看！」於是，

我再找來一個燭臺、一根蠟燭，為他們點上。卻陷入了沉思……

記得當年，自己孩提念書的時代，晚上念書不但沒有電燈，連點蠟燭都是一種奢望。每天晚上都是一盞豆大的熒熒油燈，放在客廳的飯桌上，兄弟姊妹三五個，圍繞在

桌邊，寫作業、做功課。讀寫時間既久，往往會頭昏眼花，感覺油燈變小變暗了。於是做大哥的我，便設法把燈芯抽長一點，這時眼前豁然光明，也因此我成為弟妹眼中的英雄。

這時臥房裡睡了一覺，起來小解的老祖母，常會到客廳察看，要我們早睡，別累壞身子。當他發現油燈變亮了，心裡也知道是怎麼回事。卻從不斥責我們，只喃喃的說：「有油三盞火，無油打暗摸。」

「有油三盞火，無油打暗摸。」這句客家諺語是說：凡事當你有得享用的時候，應該好好珍惜，不可任意揮霍；否則當你用盡了，你將嘗到無物可用的苦果。這句具有醒世作用的諺語，有什麼深刻的涵義，當時年幼的我，從來沒有好好思考過，有的是嫌老祖母嘮叨而已。也還好老祖母的嘮叨，今日它才深深的烙印在我的心版上。

現在社會富足了，物質文明不但推陳出新而且無虞匱乏，人們如果不知惜福感恩，一任揮霍，不知道會不會得到「有油三盞火，無油打暗摸」的現世報呢？

無樵燒，剖桌梗

1. 無　樵　燒　，　剖　桌　梗　。
mo¹¹ ceu¹¹ seu²⁴　　po⁵⁵ zog² guang²⁴

無　米　煮　，　捋　米　盎　。
mo¹¹ mi³¹ zu³¹　　log² mi³¹ ang²⁴

最近天乾物燥，天氣炎熱，政府、民間做盡(全部)都愁慮——「樣般」(如何)來過「無水食，無電點」(缺水缺電)介漫漫長夏？這使我想起「我做細人仔時節」(當我小時候)那段「無樵燒，剖桌梗」另外一種能源危機的日子。

「柴草」，是民國三、四十年代很重要的一種能源，記得我姆常透(經常)講一句話：「一年透天，毋知愛幾多樵來燒(一年到頭，不知要多少柴火來燒)？」說的正是：一日三餐煮飯菜「愛」(要)燒；畜豬仔潒豬菜愛燒；「暗晡頭暖水洗身」(燒熱水洗澡)也愛燒。逢年過節、蒔田割禾、打粄兒、潒牲儀愛更多樵來燒。

「堵到」(遇上)柴木豐收，「規家人注無閒起來」(便家無閒人)。屋背「甲過」(一甲餘)地介相思林，賣給人家燒火(木)炭，留下一堆堆的相思樹殘枝，還有一些倒存

（砍伐剩下）介拉雜樹，阿爸利用工頭工尾（正式工作之餘）拿了鋸子，上山把雜樹統統倒（砍伐）下來，經過一頭半月，樹仔乾得差不多了，全家總動員，爸媽在山上剪裁捆紮；我們兄弟姊妹成了搬運工人，把「山頂高」（山上）的柴草，連枝帶葉，統統搬回家門前介大禾埕上。

經過數日，搬運完畢。假日的午後，我會自動拿起鋸子，找一塊柴枕，挑一些粗大的木頭，放在柴枕上，用鋸子一量（約一個鋸肉的長度），鋸成一截一截的柴火，小弟小妹也跑過來幫忙，坐在木柴離枕較遠的一端，以資固定；阿姆拿了「刀母」（柴刀）揀細的木柴，剁成約莫兩尺長的柴梗；阿爸也來了，嘴角叼著新樂園，拿了一把斧頭，把我鋸好的柴梗，拿到禾埕角，豎立起來，一斧一斧的剖成柴片；大弟、大妹也從屋肚（內）跑出來，把這些處理好的柴火，搬到屋簷下，先用四塊石片墊著兩根長長的木棍，再在兩端挑方正的柴片，縱橫交錯的堆砌成碼頭，又把圓細的柴梗疊在兩個碼頭之間。小妹看到漸堆漸高的柴堆，拍手歡呼：

「恁多樵！恁多樵！」媽說：「兩下半，就燒掉（音：踢）啦！」小弟接著問：「燒掉了愛樣般？」爸爸笑著說：「無樵燒，剖桌梗；無米煮，『挦』米盎！」一副安然自得的樣子。到如今，童稚時，柴草收成的辛勞，變成了甜甜蜜蜜的回憶。

毋知過了多久，柴堆介柴「正識」（真的）燒「下山」（完）了。這時「拁柴杈」（撿柴火）的任務，又落在我們孩子身上，每到放學、假日，便得拿起刀母往竹園、樹林中鑽，找一些枯乾的樹木、樹枝或竹子，砍下拿回家。有時候，挑起空的竹籃，直奔桂竹林，把去年人家砍竹子殘餘的竹頭，用刀母背使勁地敲，疊滿兩籃子挑回家，如此應急，往往又可以燒個三兩天，好在又毋使「剖桌梗」。但是萬一遇到連續下雨的日子，可就難過了。往往一到「灶公」（爐灶）前，才發現斷條（沒有）柴杈可燒。這時冒雨也要到山林中設法，偶而實在沒法度，找不到

可供燃燒的東西時，我們便只好走到「稈棚下」(稻草堆) 抓幾把稻草，背回灶前。由於稻草燃點較高，火力不強，又不耐火，所以必須一個人專工守在灶前。燒稻草，濃煙滿屋，往往煮一頓飯，好幾個人要被薰嗆成淚人兒，一副可憐樣像，有誰可憐？

我們一家隱居山中，親近山林，尚且如此；不知那時住在平洋街上人家如何？

當年水打「七十分」(地名)，把我先祖渡台落腳後龍溪畔，辛勤墾殖的家園，沖毀了。那時年約二十的祖父，成了吉普賽人，到處流浪，憑藉年輕這點本錢，輾轉山區，從事樟腦事業：慢慢的樟腦業沒落了，想要安定下來。於是找了幾處農田，最後卻放棄「洋田」(平原)，選擇「山田」承租耕種下來。後來人家問佢「囥」(藏) 山介緣故，佢講：「山肚 (裡) 撿樵『卡便』(較方便)。」，「一下」(現在) 想來當時的祖父也頗有遠見！

60

無愛粢，無愛粄，愛該牛母帶子角彎彎

1. 無 愛 粢 ， 無 愛 粄 ，
mo^{11} oi^{55} cii^{11}　　mo^{11} oi^{55} ban^{31}

愛 該 牛 母 帶 子 角 彎 彎 。
oi^{55} ge^{55} $ngiu^{11}$ ma^{11} dai^{55} zii^{31} gog^2 van^{24} van^{24}

　　從前客家庄，有人做壽時，常會流傳這樣一句諺語：「無愛粢無愛粄，愛該牛母帶子角彎彎。」客家傳統習俗，子孫有為父母、祖父母做壽的義務。壽翁、壽婆都健在，五十一、六十一、七十一、八十一時做壽；如果喪偶，則五十、六十、七十、八十歲時做壽（俗稱「做齊頭」），都叫做「做大生日」。

　　做壽前一天下午，子弟班吹奏起軒簫鼓樂，遠方的親戚朋友、隔壁鄰舍都陸續來到，此時張燈結綵，壽宅漸漸熱鬧起來。鄰居親友大家分工合作，齊心準備夜晚子時以後的良時祭天（客家話說敬天公）還願，次日早上敬神、祀祖、拜土地公，及中午宴客的諸多事宜。

　　吃過晚飯，大家齊聚在搭好布蓬的「天池坪」（相當於四合院的天井）上，「挼粄圓」、「舂粢粑」（客語粄圓就是湯圓、粢粑是一種類

似麻糬柔軟的甜點）。粄圓、粢粑，這些糕餅點心，都是次日宴請諸親友必備的。備妥點心，大夥又要忙著擺起香案敬天公了，用兩張四方桌，一張用條凳墊高，分成上、下兩界，上界置齋果、下界則擺葷的祭品（三牲或五牲），祭全豬全羊也是常有的，祭天，主要對上天帶給壽星的鴻福表達感激，並祈求上蒼再庇佑壽星福壽康寧。

做壽當天，客廳擺擺滿各式各樣的禮品，最主要的是外家（壽婆的娘家叫外家）饋贈用「撐」（裝盛禮品的器物，俗作「撐」）裝盛的豬腿、壽酒、布料、禮金……等禮物，牆上還張掛著親友所送的布料（上面用大頭針別著金字、或用紅色鈔票排成的大壽字），這布料俗稱「壽字」。

中午，以豐盛的飯菜宴請親友。宴會之後各自離席，這時主家要回謝禮品，一般親友都回贈粢粑等食品；外家致送的禮品特別豐厚，按規矩回贈的禮物是要按值加倍的，放在他原來送禮來的「撐」裡，叫做「礦撐」。通常回禮不外是布料、粢粑、豬肉、雞臂（腿）等，但是有錢人家回贈的禮物，往往超過來禮的雙倍價值。

因此，傳說有做外家的，當他富有的親家為回贈禮品時，對旁人說出這樣的期待：「無愛粢，無愛粄；愛該牛母帶子角彎彎。」意思是：不希望主人回贈粢粑、糕餅，只希望他回贈一頭母牛帶著角彎彎的牛仔來。農業時代，農家需牛若渴是可以理解的。

61

無錢拈開笐

1. 有 錢 施 功 德 ， 無 錢 拈 開 笐 。
iu^{24} cien^{11} sii^{24} gung^{24} ded^2 　 mo^{11} cien^{11}ngiam^{24}koi^{24} ned^2

2. 有 食 有 剩 ， 百 子 千 孫 。
iu^{24} siid^5 iu^{24} cun^{24} 　 bag^2 zii^{31} cien^{24} sun^{24}

去年初夏的一個假日，父、母、內子和我同行，到苗栗的玉清宮，為準備大學聯考的么兒祈求神明賜予平安符，帶在身上，好庇佑他平心靜氣、展現實力、名題金榜。

我們一行經過一陣行禮如儀之後，我正準備收拾供品離去，坐在輪椅上的媽，從包包裡掏出一千元遞給我，要我塞進「功德箱」裡。一向儉省的我，看了媽一眼，心想：只求一個小小的平安符，何必添那麼多香油錢？媽好似看穿了我的心思，立刻對我說：「有錢施功德，無錢拈開笐！」這是一句好久沒聽過的諺語。

笐，音ㄌㄜˋ，刺竹的意思。我們客家人管所有植物的刺叫做「笐」，甚至大家把橫阻於路中的竹木枯枝，也稱之為「笐」。

記得小時候，上學、放學都要走一段長長的山路，山路的兩側，盡是竹林、樹林，

一陣風來，枯枝常掉落在路中。每逢上、下學，山路常有同村的長者陪伴同行，這些長者走在前面，常常自動自發的沿路撿拾橫阻於路中的枯枝，丟之路旁，以免後來者的不便，就是這種身教，使得小小年紀的我們，雖不懂「拈開笐」背後深深的道裡，卻也競相仿效。

進初中以後，學校有了童軍課，老師要我們日行一善，於是我在上學、放學之際，默默的不知撿過多少路中的枯枝？清除過多少路中的障礙？後來又在書本上讀到：「不以善小而不為……」的字句，更加肯定了自己的作為。

「有錢施功德，無錢拈開笐。」細細品味這句諺語，它正告訴我們：「不管有錢沒錢，人人都要『時時做好人，處處做好事』。」善事是不分大小的，能力大的人捐錢、造橋、鋪路；能力小的人清除阻路的枯枝，都是人間美事一椿啊！

62

買魚食了米

1. 窮 人 毋 知 死 ， 買 魚 食 了 米 ！
kiung^{11}ngin^{11} m^{11} di^{24} si^{31}　　mai^{24} ng^{11} siid^5 liau^{31} mi^{31}

「大貨兒」(老大)自學校「轉來」(回家)。嘴嘟嘟的很不歡喜的講:「暗晡夜開始，我無愛食飯！我愛減肥！」經過我這做爸的細心細意的再三盤問，才明白他要減肥的因由——今天學校的體重測量他自覺超重，同學都叫他「肥仔」。

唉！現代的孩子，不僅衣食無缺，簡直到了甘食褕衣的地步！今天正逢農曆閏五月初，想起我們這一代，經歷過「無米又閏月」的貧苦歲月，真要不勝唏噓！

記得小時候，我們做小孩子的如果「使唔定動」(不肯幫忙曬鹹淡)，媽便感嘆道:「『一年透天』(一整年)毋知愛幾多『鹹淡』(滷、曬的菜乾)來食哦！」那時，一日三餐，晚餐較省，大多食糜(moi^{11})，從鹹糜、糖糜、豆糜、菜瓜糜……食到蘿蔔乾糜。最常吃的，當然是鹹糜啦！只要攪一匙豬油、一撮鹽，何其省事？但有時候，我們會詢問媽說:「暗晡夜愛煮麼介糜？」媽情緒好，就叫我們在鹹菜甕中抓一把蘿蔔乾放在稀飯鍋中，這算是當年比較高級的晚餐了。

早、午兩餐，大人們要工作，吃稀飯不好，那就吃地瓜飯配兩樣菜吧！一樣是兩大碗公煮的或是煤 (sag⁵) 的自產青菜，另一樣「桌心」(好一點、下飯的的菜)──像煎魚、蒸蛋、煎豆腐、炒番豆、豆腐乳……最常有的還是蘿蔔乾、蘿蔔絲等鹹淡；餐桌上偶而出現了煎豆腐，就像「番兒撿到錫一般(形容意外的獲得)，食到毋知好飽。」我們常對人說：「豆腐就 (音：注) 像若命樣。」然而逢年、過節；或者蒔田、割禾；或者賣大豬、伯公生……少不了豬肉、雞鴨的日子，我們這一群「□ (音 iau²⁴) 僆鬼」(饞鬼)，對豆腐便一屑不顧了；因此，大人們常會嘲諷說：「哦！有豬肉、雞肉，連命就無愛了！」

年成不錯時，爸媽連挑幾日山產──桃李、竹筍、香茅油、竹殼……到街上，賣了個好價錢，感覺好像手頭鬆一點，也會順便跟魚販仔交官交官，帶兩尾魚回來，滷得鹹鹹的，煎得赤赤的，還放了半碗豆油(醬油)。這一餐，飯準是不夠吃的！當我們搶飯匙、「飯盆頭」(飯鍋)弄得狗舐就無恁淨(比狗

舐還乾淨)。還你一句我一句：「你吃得多，我吃得少。」的時候，媽會說：「早知道，我少吃一碗！」印象最深的是老祖母說的：「**窮人毋知死，買魚食了米！**」，聽了老祖母的話，我們變乖了，收斂下來，不敢再爭吵，舐舐碗筷，離開飯桌。

四十年來的人生，跨越貧窮，邁向富足，回首從前，正如三十年前的那盤煎魚，鹹而有味；兒子呀！三十年後，不知你們回憶童年的況味？

63

飯匙堵貓

1. 地　上　嗷　一　聲　，　老　鼠　驚　上　棚　；
ti^{55} hong^{55} gieu^{24} id^2 sang^{24}　　lo^{55} cu^{31} giang^{24}song^{24}pang^{11}

棚　頂　嗷　一　聲　，　老　鼠　全　部　鑽　入　盎　。
pang^{11}dang^{31} gieu^{24} id^2 sang^{24}　　lo^{55} cu^{31} cion^{11} pu^{55} zong^{24}ngib^5 ang^{24}

2. 拿　到　上　鑊　攎　，　出　飯　又　出　粥　。
na^{24} do^{55} song^{55}vog^5 lug^2　　cud^2 fan^{55} iu^{55} cu^2 zug^2

拿　到　下　鑊　攎　，　出　魚　又　出　肉　。
na^{24} do^{55} ha^{24} vog^5 lug^2　　cud^2 ng^{11} iu^{55} cud^2 ngiug^2

相傳日據時代，台灣新竹州有一座偏僻的客家村莊，村民日未出而作，日入而未息。過著晴耕雨讀的日子。張家祖孫三代咬薑啜醋，煞猛（客語努力）打拼，到了張阿旺，累積了數十甲田產，庄中人說：「他的田地鳥都飛不過去，成為庄中的首富。」

阿旺伯有錢是有錢，卻未贏得庄中人的敬重。這有兩個原因，其一貪財吝嗇，其二，風流好色，庄中人遇有急難，想賒借些銀錢，求助於他時，他先是假意推拖。最後卻

是放高利貸，旺月（客語雨季）山洪暴發，山路坍方了，溪橋沖毀了，要他捐錢鋪路，他總是非常小器。最令庄中人不能忍受的是：年逾花甲，卻每每見色欣喜，仗著錢勢，欺壓善良。庄中有一戶窮人家李添丁，他的夫娘（客語妻子）三十開外，哺育了三男兩女，然而仍具姿色，阿旺伯想要染指添丁嫂很久了，然終不能得逞。

有一天他動了歪腦筋，設下圈套，在添丁哥來自家屋唇（客語謂邊為唇），工作時，叫家僮將家裡養的黑貓打死，然後趁添丁哥不注意時，偷偷摸摸的放到他的籃子裡，然後自己「喵！喵！」詐意（客語假裝）到處找貓的，來到了添丁哥工作的地方，然後在他的籃子旁邊訝異的大叫，再大聲吆喝：「添丁！添丁！我家的黑貓怎麼得罪了你！你為什麼將他打死？」老實的窮苦人添丁哥跑過來一看，正在丈二金剛摸不著頭腦的時候，阿旺伯大聲叱道：「打死我家黑貓，要賠三千三！如果三天內賠不出來，就用你的太太抵償。」添丁哥百口莫辯不知如何是好，

只有說：「阿旺伯！一隻貓三千三，未免太貴了吧！」阿旺伯這時氣定神閒的在田邊走來走去說：「不貴，不貴！我家黑貓非常嚇鼠，『地上嗷一聲，老鼠驚上棚；棚頂嗷一聲，老鼠全部鑽入盎』，這是天下難尋的寶貓，很多人來求讓，已經有人出價三千三，三天後我來要錢，要不到錢便要人！」添丁心想人人都說阿旺伯靠錢勢，沒想到今天遇到的他不只是靠錢勢，簡直是村中的惡霸，多說無益，只好懷著滿腹的委屈，踏著沉重的步伐回家。

添丁回家以後，整個人變了樣，悶悶不樂，大半天不發一語。添丁嫂發覺有異，知道在外頭一定發生了什麼事，苦苦逼問，添丁才原原本本的把實情向枕邊人吐露。夫妻倆面面相覷半晌，添丁嫂突然開口道：「三天後，他們來的時候，你囥（客語藏曰囥）在間上（客語房間），不要出來，讓我來應付這老不修！」「太太！你一個婦人家，我怎麼放心？」添丁嫂道：「你別瞎操心，我自有辦法！」

時間過得真快，阿旺伯很守信用，帶著家丁四、五人準時出現在貧窮的添丁家。添丁嫂佯稱丈夫出門商借銀兩，言明中午趕回來與阿旺伯共進午餐，請阿旺伯等候！阿旺伯聽了這話，不疑有他，就坐了下來。

那知中午十二點過了，仍不見添丁蹤影，十二點半、一點、一點半都過了，阿旺伯一行人肚子餓得發慌，這時添丁嫂準備好飯菜，盛好每人一碗飯端了出來，說：「請大家慢慢用、添飯自己來！」阿旺伯急急吃完一碗，打開飯鍋添飯，忽然折斷了飯匙。添丁嫂在門外看到了，立刻趨前理論，要阿旺伯賠償飯匙六萬六，大家都覺得不太合理，阿旺伯說：「我從來都沒有聽說過，一枝飯匙要價六萬六的！」添丁嫂說：「這枝飯匙是李家祖傳的寶物，我們家貧，但三餐能溫飽，全靠它。『拿到上鑊摣，出飯又出粥；拿到下鑊摣，出魚又出肉』，這麼寶貴的飯匙，有很多人來求讓，有人出六萬六。如果賠不出，明天告你到官府。」阿旺伯聽了氣急敗壞的說：「那你丈夫欠我的三千三呢？添丁嫂說：「從六萬六扣除呀！阿旺伯飯也不吃了，臨走前丟下一句話說：「六萬兩千七，待會差人送來。」

阿旺伯一行人離開以後，在房間裡悶了半天的添丁走出來，與添丁嫂相擁而泣。

64

爺老如公樣，豬籠燻棚放

1. 爺　老　如　公　樣　，　豬　籠　燻　棚　放　。
   ia^{11}　lo^{31}　i^{11}　gung^{24}iong^{55}　　zu^{24}　lung^{24}　fun^{55}　pang^{55}biong^{55}

2. 上　樑　不　正　下　參　差　。
   song^{55}liong^{11}　bud^{2}　ziin^{55}　ha^{55}　can^{24}　cai^{24}

3. 家　娘　無　好　樣　，　心　舅　合　和　尚　。
   ga^{24}　ngiong^{11}mo^{11}　ho^{31}　iong^{55}　　sim^{24}　kiu^{24}　gab^{2}　vo^{55}　song^{55}

　　客家有一句俚語說：「爺老如公樣，豬籠燻棚放。」

　　客家人對人稱自己的父親為爺，稱祖父叫做阿公。豬籠是古時候為了運送方便，用來裝豬的籠子；燻棚又叫火燻棚，以前農家，大凡農具、家具都用竹篾或籐皮編製而成，如果不好好保存，很容易為蟲蟻蛀蝕而毀棄，因此多數人家，都會在廚房比較乾燥、一日三餐都有炊煙燻及，蟲蟻比較不會到達的地方，搭一高高的棚架，貯放一些家用、農用的家私，這一棚架，便叫火燻棚。

　　這句古諺是說：「爸爸年老了就跟祖父

一樣，所以豬籠要放在火燻棚上，好好保存起來。」有意思的是：為什麼父親要等到年老了才跟阿公一樣呢？和保存豬籠又有什麼關係呢？

原來俚語的背後，有一段具有警世意味的民間傳說。從前有一個人，堂上有年老體衰的父親，非但不能勞動，還要人家服侍。時日一久，他認為父親不事生產，只是消費，實在是一種累贅。便決計和自己的兒子，一起用豬籠抬著年老的父親，丟棄到大海裡。

完成了這樁心願，他站在海邊，心想豬籠早已破舊不堪，乾脆丟棄算了。正要舉步返家的時候，他的兒子趕緊將豬籠撿起，跟隨在後，他看了，回頭對兒子說：「豬籠不用了，你撿它幹什麼？」兒子回答道：「要留來爸爸年老了，抬爸爸用啊！」

以前，真有沒有傳說中的不肖子？如果證諸今日，有人因怨恨父母的管教，竟然夥同外人，謀弒自己的雙親得逞，那麼我們寧可相信傳說為真。傳說告訴我們，身教何其重要！長輩壞的榜樣，對晚輩無疑是一種不良的示範。

像這種告訴我們，絕對不可輕易做出錯誤示範的話語，在客家老祖先的警世俗諺中，還有許多，例如：「上樑不正下參差」、「家娘無好樣，心舅合和尚」……

上個周休二日的假日，一早，我看到一個父親模樣的中年人，開車載著全家大小，大概外出郊遊吧，在十字路口亮起紅燈時，加足馬力直闖過去。

我想：「這位父親錯誤的示範，正在他兒女稚嫩的心田，種下了一株惡苗呢！」

65

爺娘想子長江水

1. 爺 娘 想 子 長 江 水 。
ia^{11}ngiong^{11}siong^{31} zii^{31}　cong^{11}gong^{24} sui^{31}

2. 有 爺 有 哀 金 銀 寶 ，
iu^{24}　ia^{11}　iu^{24}　oi^{24}　gim^{24}ngiun^{11} bo^{31}

無 爺 無 哀 路 邊 草 。
mo^{11}　ia^{11}　mo^{11}　oi^{24}　lu^{55}　bien^{24} co^{31}

　　四月初，大兒子、大媳婦帶領我們夫婦及一雙孫兒女，到日本關西地區賞櫻。從京都近郊的瀨田醍醐寺、鴨川到彥艮古城的護國神社，以及琵琶湖，櫻花處處，花團錦簇，十分賞心悅目。最後我們還到山區美山、天橋立，這裡滿山遍野的紅、粉紅相間，使我恍然這個國度以櫻花為國花的原因。

　　期間多在走路，有時，整天漫步在遊人如織的櫻花道上，過午未食、飢腸轆轆亦只有喝水而已。這使我想起，在台北的時候，一星期中有一天，兒子晚上六到九點要到淡江大學上課，下午五點便要自家信義路六段啟程。晚餐苦無進食時間，我們心疼兒子餓肚子，準備點心，讓他好在車上充飢。啊！

「爺娘想子長江水」呀！

提到「爺娘想子長江水」，很自然地想起我人生中，所接觸到心思最為細膩的女人——我已逝的母親。

母親是一位非常平凡的農家婦女，還記得農忙時節，她每每幫助父親上山落田。我們兄妹六人，都是出生在戰後貧困的年代，三餐能夠溫飽容我們苗長，已屬萬幸，怎敢奢望有零食得食？可是，我清楚記得，媽媽每每上山割草餵牛、打柴充燃料⋯⋯回家都不忘；在野地裡用菅草(或茅草)葉梗，串一長串紅紅的野草莓(刺泡 $cii^{55} po^{24}$)或其他野果，茅瓜兒⋯⋯等，回來給我們當零食解饞。小孩誰不想望零食？真是「爺娘想子長江水」呀！

有一次，鄰近中午時候，有客人來，在客廳與父親談天。母親在廚房張羅中午的飯菜。我燒火，母親煎魚，弟弟拿了一張矮凳子，站在上面，一邊看媽煎魚，一邊吵著要吃魚。媽哄弟弟說：「客人如果知禮的話，只吃魚的一面，另一面再留給你，端回來吃！」吃中飯的時候魚端出去，放在客廳的桌上。弟弟把那張矮凳搬來墊在客廳窗外，全神的注視那盤魚，突然大哭、大叫：「人客翻面了！」媽這才意識到，家人也太久不知肉味了。

當天下午，媽放下所有要緊的農事，上山打柴。第二天一大早，挑到李員外家，將變賣來的錢，帶些魚、肉回家，作為我們豐盛的午餐。這就是「爺娘想子長江水」哪！

母親節到了，我又懷念起，我那平凡偉大的母親，忽地眼淚不自主的滴下。

66 腳痛繡花

1. 手　痛　會　過　家　，　腳　痛　會　繡　花　。
su³¹ tung⁵⁵ voi⁵⁵ go⁵⁵ ga²⁴　giog² tung⁵⁵ voi⁵⁵ siu⁵⁵ fa²⁴

2. 三　十　暗　晡　嘴　痛　，　痛　到　噭　，
sam²⁴ siib⁵ am⁵⁵ bu²⁴ zoi⁵⁵ tung⁵⁵　tung⁵⁵ do⁵⁵ gieu⁵⁵

六　月　天　公　腳　痛　，　痛　到　笑　。
luig² ngied⁵ tien²⁴ gung²⁴ giog² tung⁵⁵　tung⁵⁵ do⁵⁵ seu⁵⁵

一年一度的父親節到了，每逢佳節倍思親，在此，我想起九一高齡父親年輕時的二、三事。

民國三、四十年代，我還年幼。那時家住苗栗大湖山上，我們一家日用的山泉水，須自離家四、五百公尺遠的「坑兒」(hang²⁴e³¹) 處挑取，十分艱辛。

一天，父親想把用水從水源接引過來。父親先到竹園裡砍來一把竹子。先把竹子一根根的首尾鋸平整，再拿鐵條從竹子的尾端進入，從竹筒的另一端出來，一再反覆，到確實除去竹子內中的節目，使水流得以貫穿

整根竹子為止。再檢查竹子與竹子間的接縫要扎實，拿來破布，將竹子尾端纏緊，再將第二支竹筒的頭部與之接合，使水完全不外漏為止。

費了一天半的功夫，爸爸終於完成了引水的工程，改善了過去家裡飲用水挑的窘境。這天，我們兄弟姊妹無不跳得老高、鼓掌叫好，因為，不必再為挑水傷神。

直接引水，好是好，但也非一勞永逸。不時要巡水，一有風吹草動，必須查看水筧接縫是否被風搖落而漏水？

我上初中那年夏天，颱風來得特別緊。一天黃昏，家裡突然停水。天黑了，要我們摸黑巡水，我們小孩實在無能為力，等到爸爸放工回來，才真的摸黑巡水。

「不好了！爸爸被蛇咬了！」妹妹從曬穀場上傳來這不幸的消息。原本一家和樂，頓失支柱，陷入愁雲慘霧之中。媽媽臨時扛起家計，一面料理家務，一面又得照料爸爸。她除了雇工犁田、耙田、插秧、除草等外，一天工餘，還徒步到十幾里外的老人家處要蛇藥，為父療傷。

還記得父親怕蛇毒感染我們，在客廳一角，臨時搭架簡易的床，在那養傷月餘。我剛上初中，本來要花錢請人幫忙繡學號。父親從無拿針線的紀錄，但在那張臨時搭架的簡易床上，卻為我繡了兩件夏季、兩套冬季制服的學號。省去一筆開銷。

此事，任誰也沒想到！只聽媽媽說：「手痛會過家（串門子），腳痛會繡花。」

67

補漏趨好天，讀書趨少年

1. 補　漏　趨　好　天　，　讀　書　趨　少　年　。
bu^{31}　leu^{55}　gon^{31}　ho^{31}　tien^{24}　　tug^5　su^{24}　gon^{31}　seu^{55}　ngien^{11}

2. 節　氣　無　等　人　，　春　日　贏　過　黃　金　。
zied^2　hi^{55}　mo^{11}　den^{31}　ngin^{11}　　cun^{24}　ngid^2　iang^{11}　go^{55}　vong^{11}　gim^{24}

　　我生長在台灣社會均貧的年代，曾走過屋漏卻逢連夜雨的時候。

　　記得那年夏天，正值農家早季收成，馬上又要趕種晚季的當口，全村老少都投入了農村戰鬥營的行列。惱人的是，這年的颱風來得特別早，又特別多。

　　那用竹片蓋房頂的屋舍，原本春雨綿綿時就有一點漏，更哪能禁得起颱風的侵襲呢？當第一個颱風來臨，全家飽受漏雨之苦時，爸爸每天一大早便站在家門口，仰望著天，期盼風雨快點兒過去，以便天晴時，備妥材料，爬上屋頂，好好補漏一番。

　　可是一到天晴，有一大堆忙不完的農事等著做，忙碌中又把屋漏的事拋到九霄雲外，補漏也因此耽擱了下來。所以，當風雨再來的時候，我們全家又得趕緊請出瓶瓶罐罐、盆盆缽缽，在屋內漏雨的地方接水，在

欣賞「大珠小珠落玉盤」裡，苦中作樂起來。

有一句客家話說得好：「補漏趕好天，讀書趕少年。」

「趕」字是客家話「趁著」的意思，「好天」就是「晴天」。整句話是說：房子漏了，正在下雨的當兒，沒辦法立即處理，一到天晴，便該趕忙補漏，否則再下雨的時候，又得忍受漏雨之苦。讀書求學則要趁年少，年少時節，沒有俗務經心，記憶力又強，讀書效率高。別等到年紀老大，不好讀書的時候再想讀書，那便事倍而功半了。

不僅客家話說：「讀書趕少年。」古人也有一首詩：「盛年不再來，一日難再晨，及時當勉勵，歲月不待人。」

68

隔夜茶，毒過蛇

1. 隔 夜 茶 ， 毒 過 蛇 ！
gag² ia⁵⁵ ca¹¹　tug⁵ go⁵⁵ sa¹¹

　　不知什麼年代開始，茶和客家族群結了不解之緣，客家人除了多聚居於丘陵山坡地，種茶維生以外，還性好飲茶，因此創造了獨特的茶文化。

　　客家先民，每每於做了粗重的工作，大量流失水分之後，要用大碗飲熱茶。其次過去的客家農村，路邊每三、五里處，一定設有茶亭，每天一大早，便有好心的客家婦女到茶亭「施茶」，以提供過往的客人解渴。再說，客家人喝茶，更講究茶藝，所謂「食功夫茶」，很得古人喝茶要訣。

　　「三腳採茶戲」，是客家戲的源頭，裡頭《張三郎賣茶》，俗稱「綁（拉扯）遮尾」，是膾炙人口的一齣。客家兒歌，也有不少與茶有關，像《月光華華》、《細妹（女孩）煮茶》、《阿哥兜凳（搬椅子）》、《人客（客人）食茶》⋯⋯。客家山歌（民謠），也稱做「茶山情歌」，山歌中以茶為主題的，更是多得不可勝數，例如：「摘（採）茶愛摘兩三皮，三日毋（不）摘老了哩⋯⋯」、「食（吃，這裡是喝）茶愛（要）食烏龍茶，連（戀）妹愛連隔壁儕（那位）⋯⋯」等等。

其中我最喜歡的一首是：「飲妹茶來領妹情，茶杯照影影照人。連茶帶影吞落肚，一生難忘阿妹情。」

客家諺語關乎茶的也不少，有一句說：「隔夜茶，毒過蛇。」茶真可說豐富了客家人的物質生活，也豐富了他們的精神生活。

為什麼「隔夜茶，毒過蛇」呢？蛇不吃草，也不吃樹葉、水果；牠只吃活的動物，例如青蛙、蜥蜴、老鼠、兔子……。毒蛇用牠的毒牙，將獵物咬死。毒牙中空，當咬住獵物時，毒液便從毒牙內的毒囊，經管道流入毒牙，注入獵物的身體，使對方中毒。因此不只蛙、鼠怕蛇，人也怕蛇。因為萬一被蛇咬傷，不即時送醫，將有致命的危險。

蛇有劇毒，在醫學不發達的昔日，住在山區的客家先民，談蛇色變，是不難想像的。但毒蛇固然可怕，根據先民的經驗，隔夜茶比蛇還要毒呢！懂得茶的朋友都知道，茶經浸泡一兩分鐘飲用，它含有適量的菸鹼酸及維生素，聽說有防癌的作用。

然而，茶若浸泡久了，單寧酸增多。單寧酸可與皮革中的膠質化合而柔軟，自然對人體有害。所以說：「隔夜茶，毒過蛇。」話雖然誇張一些，但還是滿有道理的。

69

蒸酒磨豆腐，到老毋敢逞師傅

1. 蒸 酒 磨 豆 腐 ， 到 老 毋 敢 逞 師 傅 。
ziin²⁴ ziu³¹ mo⁵⁵ teu⁵⁵ fu⁵⁵　do⁵⁵ lo³¹ m¹¹ gam³¹ ciin³¹ sii²⁴ fu⁵⁵

2. 加 水 加 豆 腐 。
ga²⁴ sui³¹ ga²⁴ teu⁵⁵ fu⁵⁵

3. 半 夜 想 該 千 條 路 ，
ban⁵⁵ ia⁵⁵ siong³¹ ge⁵⁵ cien²⁴ tiau¹¹ lu⁵⁵

   天 光 本 本 磨 豆 腐 。
tien²⁴ gong²⁴ bun³¹ bun³¹ mo⁵⁵ teu⁵⁵ fu⁵⁵

4. 平 時 豆 腐 是 吾 命 ，
pin¹¹ sii¹¹ teu⁵⁵ fu⁵⁵ he⁵⁵ nga²⁴ miang⁵⁵

   有 豬 肉 命 都 無 愛 了 。
iu²⁴ zu²⁴ ngiug² miang⁵⁵ du⁵⁵ mo¹¹ oi⁵⁵ le²⁴

客家人有兩句俗話：「加水加豆腐」，是說做任何事，都沒有製作豆腐這樣簡單，加一些水便可增加豆腐的量。還有一句：「半夜想該千條路，天光本本磨豆腐。」工作量多、收入微薄的人，晚上，在床上翻來覆去，想明天起換一個更好的工作才是。可是第二天天亮，發現自己這也不行、那也不會，於是仍然做起老本行來。談起「豆腐」，引發我小時的許多記憶：

小時候，我們生活簡素，吃的自然是以餬口、填飽肚子為主。家裡的菜園生產什麼？我們便吃什麼，不容挑剔。豆腐這種食品，要拿錢買的，對我們而言，當然是奢侈品，要碰上有客人來，或者家裡有人生病，媽媽上街時，才買「兩角」(兩塊)豆腐，用兩片月桃 (苟薑) 葉垂直重疊包好，再用月桃的莖，繫好帶回家。在豆腐上抹上少許鹽巴，放在電鍋裡蒸透。給嬰幼兒，或家中生病的患者配飯。其他小孩想分一杯羹而不可得，因此哭鬧不已、或嘟起嘴巴；在旁的大孩子便調侃道：「嘴嘟嘟，想食鹹豆腐；嘴尖尖，想食蕃薯籤 (你看啊！那嘴巴嘟嘟的小孩，正因為想吃鹹豆腐而不得。那嘴巴尖尖的，只想吃蕃薯籤吧！)。」回憶兒時，苦澀中潛藏有幾許甜蜜。

客家人是幽默的，不但會調侃小孩，也會戲謔自己，在戲台上，小丑常說：「用麵線搦 (音 tag[2]) 頸 (用麵條綁脖子自殺)、頭顱磕豆腐等好笑的毒誓。」或者說小孩哭鬧無法達成簡單的任務，長輩也會拿「毋會去磕豆腐」來激勵他！

還有，在那均貧的年代，我們既想吃飯配豆腐不可得，更遑論餐桌上可見魚、肉。然而，做母親的也會心疼子女，太久太久不知肉味。到菜園裡採些自家吃不完的菜蔬、到山上砍斫些乾燥的木頭，挑到街上，換一些豆腐、蛋、小魚乾……之類的。偶而，我們也可吃到些「半肥靚」(五花肉)，都是母親於竹筍季，到山上挖竹筍，整理好，拿到街上換得的。那時，我們朋儕間流傳一句，令人聞之鼻酸的、膝蓋都要掉淚的話：

「平時豆腐是我命，有豬肉命都無愛了。」

「豆腐」這極富營養的食品，我們稍稍有錢了，都會買來做為盤飧。還記得：自我從苗栗搬來台北，每天清晨五點多，有一個五、六十開外的，我們叫他做「豆腐伯」的老先生，準時出現在咱巷口，他推的人力車上擺上幾桌(大木盤)豆腐，以他特殊山東腔的台灣福佬話，沿街叫賣豆腐。鄉里閭巷，所有聽到叫賣聲的人家，都推派代表，手持瓷盤、或拿不銹剛飯盒，來買豆腐，拿回家作為盤飧。有時，閭里人相聚，難免八卦一下，這是一段寶貴的街頭巷議時光。

現在，由於科技發達，生產技術的提升。不但人人天天吃「豆腐」都不虞匱乏。加上防腐的使用，店裡可以買到出品好幾天的不酸不臭的豆腐。說起酸臭，想起從前常有壞棄的豆腐，客家人曾說：「蒸酒磨豆腐，到老毋敢逞師傅。」勸人凡事謙虛。縱然做一輩子的蒸酒、磨豆腐的工作也不敢逞自己

是師傅（保證豆腐不會壞棄）。有一個傳說：

從前某家傳了三代、自幼學做豆腐的豆腐店老闆，非常喜歡《三國演義》。剛好鄰家住有一個長者，也喜愛三國的傳說故事，經常來豆腐店串門子。一天，鄰居長者又來，談著談著，鄰人說：「赤壁之戰，曹操率八十二萬大軍，行軍過河，朝劉備軍營而來，軍士所穿草鞋，過了河、上了岸，草鞋所吸的水，將可把街上行人沖走………」「你記錯了，不是八十二萬，是八十三萬才對。」於是你八十二萬、我八十三萬，爭論不休………這時，灶下的豆腐燒壞一鍋。店老闆沒有生氣，說：「軍士八十二萬，和八十三萬，相差一萬，豆腐只燒壞一鍋，小意思！」

可見，蒸酒磨豆腐，雖屬小事，也該謹慎，稍微大意，便會壞事。所以，「蒸酒、磨豆腐，到老毋敢逞師傅！」

70

廣東人目巧，菜完飯也飽

1. 廣 東 人 目 巧 ， 菜 完 飯 也 飽 。
gong[31]dung[24] ngin[11] mug[2] kau[31]　　coi[55] van[31] fan[55] ia[55] bau[31]

苗栗有隙地一畝，任其荒蕪可惜。近來突然發願，將它整理出來種芭蕉。一個周休二日的周末清早，我們一家老小分乘三輛車，從台北浩浩蕩蕩的來到這一片荒煙蔓草久違的田園。

先闢草萊，量定距離，挖掘坑穴，再將事先準備好的芭蕉幼苗，一棵棵埋入坑穴中，整整花了一天的功夫，直到夕陽西垂，眼看大功告成。這時爸爸笑笑說：「廣東人（客家人自稱）目巧，菜完飯也飽。」聽到這句古諺，我立即想起年少，想起「菜未完飯未飽」。

大家都知道，戲台上有主角；餐桌上也有主菜。主菜多放在餐桌的正中，所以客家人稱主菜叫做「桌心」。童年家貧，飲食非常匱乏。記得「桌心」，十之八、九是蘿蔔乾、鹹菜一類醃菜，好一點則是買來的醬瓜、醬蘿蔔或是豆豉、豆腐乳。當然，逢年過節或有客人來，一年中也有幾天例外。

除此，媽媽將園裡種的菜、山上砍的柴、竹頭下挖的筍……，挑到鎮上，賣給

開雜貨店、藥鋪、賣布的人家……換來幾十銀錢。然後，拎著三兩塊白嫩的豆腐，或是幾條鮮魚、一小包小魚乾、一斤半斤的五花肉回家。當天午餐加菜，我們小孩可樂了。那或鹹、或酥、或香，最下飯的肉、魚、豆腐，一來大家不約而同，捨不得一下子吃光；二來實在太鹹，一小塊就要配好幾口飯，因此，往往菜還有剩餘，飯鍋卻已見底。

爸爸看到一向喜好收集諺語的我，半晌沒有反應，說：「我的意思是真巧，地剛好種完，芭蕉苗一棵也不剩。」我當然知道，做任何事都一樣，事前要有妥善的規劃，才不至於費時費事。例如現代建築房子，要多少鋼筋、幾包水泥、幾塊磚頭、幾根什麼規格的水管……建築師早就依圖估算好，絕不因或多或少而產生無謂的麻煩和困窘。

以前農家可不然，凡事只能憑經驗大致估量。農夫種蕃薯，最後發現蕃薯苗不夠，就要不避麻煩的再準備；過多則拿來做豬菜餵豬。又如種樹，樹苗少了，趕緊再補；多了，只有待其乾燥當柴燒。總之，農業時代農夫的時間比較不值錢，做事比較沒有效率。這也難怪，偶然碰到運氣好，估算準，工作進行順利時，便會沾沾自喜的說：「廣東人目巧，菜完飯也飽。」

71

窮人毋斷豬，富貴毋斷書

1. 窮 人 毋 斷 豬 ， 富 貴 毋 斷 書 。
kiung[11]ngin[11] m[11] ton[24] zu[24]　fu[55] gui[55] m[11] ton[24] su[24]

2. 窮 人 頭 上 兩 枝 刀 ，
kiung[11]ngin[11] teu[11] song[55] liang[31] gii[24] do[24]

豬 子 重 來 利 錢 高 。
zu[24] zii[31] cung[24] loi[11] li[55] cien[11] go[24]

3. 耕 田 愛 畜 豬 ， 畜 子 愛 讀 書 。
gang[24] tien[11] oi[55] hiug[2] zu[24]　hiug[2] zii[31] oi[55] tug[5] su[24]

　　客家人的勤儉是出了名的。民國四、五十年代，只要你有空到客家庄走一遭，你會很輕易地發現「田唇林嘴」(田邊園角)到處都是一截半截的蕃薯行。

　　這些山林的隱者，不論男女老少，經常利用工頭工尾(上工之前放工之後)，在自家田園的一角挖掘墾殖，種些蕃薯，心裡想著：「就是不結地瓜也沒關係，蕃薯藤照樣可以餵豬。」

　　說到養豬，那時候的農家，那一家不養

個三、五頭的。客家人的觀念裡：養豬是一種儲蓄，一來不肯浪費一滴半點供給家人的剩餘，像殘餚餿飯、米糠粥水、黃菜葉、蕃薯皮……無一不是弓肥大豬的好料。二來藉以動員全家「大人細子」不管風晨雨夕，為使豬肥，不得不上山下田勞動手腳。因此，客家人的勤儉，也不全是浪得虛名吧！

由於克勤克儉，許多人家也就漸漸發起來了。話說客家人本來就具有「一等人忠臣孝子，兩件事種田讀書」的人生態度。窮苦時候。原本不忘勉勵子弟勤讀詩書的；現在環境改善了，自然更加增強客家子弟奮發向上的意志。書讀多了，言語自然有味起來。家裡有了個「坐著能寫，站著能講」的子弟，那身穿「水褲截」(短褲)、手拿「煙筒頭」(長菸斗)的阿公，滿是皺紋的臉上也會泛起笑意的。如果這個有為的青年，再煞猛打拼，三更燈火五更雞的努力一番，高中高普考，有了「橫桌可坐」(當職員辦公)，那才是祖宗積德光耀門楣的事哪！

這不就應驗了客家人老祖先所說的「窮人毋斷豬，富貴毋斷書」嗎？窮苦人家只要像養豬那樣勤勞節儉，便可致富；窮苦人家的子弟要勤奮努力讀書上進便能高貴起來。套句王安石的話吧：「貧者因書而富，富者因書而貴」。

72

窮人毋使多，有兩斗米就會唱歌

1. **窮　人　毋　使　多　，　有　兩　斗　米　就　會　唱　歌　。**
kiung¹¹ngin¹¹　m¹¹　si³¹　do²⁴　　　iu²⁴　liong³¹deu³¹　mi³¹　ciu⁵⁵　voi⁵⁵　cong⁵⁵　go²⁴

妻喚我騎摩托車載她上菜市場買菜，母親聽到了，吩咐道：「該毋順勢（音：社）買兩條蕃薯轉來（loi¹¹）飯」唉！知母莫若子，客居台北十過（多）年，蕃薯並不是不曾吃過的好東西，母親想食蕃薯飯，完全是懷鄉念舊罷！

自至台北，夜裡的夢中，常常是故鄉的茅屋在風雨中倒塌了，或者是祖母拿著稻草走到大禾埕「團草結」（綁細竹絲）。最近兩三年，父親身體硬朗，退而不休。在住家附近尋得半畝隙地種菜，幾乎每天餐桌上，都會有一道採自父親菜園，鮮嫩翠綠的清炒地瓜葉，每當「食蕃薯頭傍蕃薯尾」時，我都會看到母親稱心的微笑。

想到我們一家已經平安的走過從前那段——與蕃薯為伍的艱苦歲月，總要由衷的感謝上蒼！

那年，母親做月子，祖母坐在桂花樹下□（kia¹¹）針（縫補衣服），我在一旁玩泥沙。父親從田裡駛牛（駕牛犁、耙田畝）回來，已近黃昏；只見他挑起空菜籃，拿了鋤頭，匆匆往屋背去。轉眼間，他便挑著一擔滿滿的蕃薯，笑咪咪地走回家。「□□（nai⁵⁵ dab⁵，

哪裡)有便便介蕃薯好挖?」祖母問道。父親回答:「屋背泥肥,改(挖)無兩下,就一擔滿滿(夠挑)!」祖母說:「我就(音:注)知!笑瞇瞇,唉!『窮人唔使多,有兩斗米就會唱歌』!」

蕃薯豐收,是我們農家的盛事,因為山中看天田」,年成好米穀本來不多,何況荒歉的年歲,十常八九。蕃薯收成好,人有得吃,豬也有得吃。通常蕃薯挑回來,大的挑起來,小的才餵豬。大地瓜先刨皮再「剁圈」或「刷籤」(切塊或篩成絲),和米煮飯。豐年的蕃薯,又鬆又軟、又韌又甜,十分好吃;荒年便不如此了,蕃薯小又臭(蟲害)、又生水(含水多煮不爛)。吃了臭蕃薯,往往有吐之不及的窘態;那「生水」蕃薯,才真是「愛命口(mong³¹)吞」呢!記憶裡,午後母親,一定要淘洗一些小的地瓜和豬菜在大鍋裡煮。我們放學回家,飢寒交迫,必定「扁盆扁缽」(尋找食物)一番,最後才在豬菜中挑到小指般大小的蕃薯,小心翼翼的剁皮裹腹,現在想想,真正「膝頭就會流目汁」。

蕃薯還可以烘烤來食,比較方便的是煮飯時,在火爐坑中放些蕃薯,再覆上「火屎、紅火灰」(柴火的餘燼),大約半小時,拿出來的就是熱騰騰香噴噴的鬆軟地瓜,小時候,這是上等的零食。如果你不聽話,還可聽見大人們的一句毒語:「毋聽講,打死你,看你還有命吃蕃薯湯無!」蕃薯湯是將蕃薯削皮,切塊,拌以生薑片,用水熬煮,快熟時再放紅糖攪拌,是十分可口、既可消暑又可去寒的食品。如今思之,還是饞涎欲滴。

我的半生歲月,與蕃薯結了不解之緣,真可謂命帶蕃薯。有人說:「人生如夢。」因為人生如真似幻;又有人說:「人生如萍。」因為人生漂泊無依。我想兩者皆是,但半輩子來,吃了偌多的蕃薯,也放屁無數,所以我悟出了另一個道理,那就是「人生如屁」君不看今日天下,盡是爭名逐利之士,不就是追求聲、臭有如放屁嗎?

73

輪仔褲

1. 有 錢 著 棉 褲 ， 無 錢 輪 仔 褲 。
iu²⁴ cien³¹ zog² mien¹¹ fu⁵⁵   mo¹¹ cien³¹ lin¹¹ e¹¹ fu⁵⁵

客家話輪仔褲一詞，是富有典故的。

從前苗栗大湖偏僻的山上。住著兩戶人家，其中一戶很窮，另一戶較富有。

有一年冬天，較窮的男子自田中放工回家，嘆口氣說：「唉！田裡的雜草那麼多，除了一整天，還是沒辦法除光，真累死人囉！」

他的太太說：「累了就趕快『尋衫褲洗身腳』！洗完澡吃飯睡覺吧！」

這個男子走到房間找起衫褲來：「阿辰妹！阿辰妹」

他的太太說：「喊什麼？你沒看到我正在忙得不可開交嗎？」

「那條『輪仔褲』呢？怎麼找不到？」

妻子說：「慢慢找，反正就在床鋪上，床鋪有多大？我正在餵豬呢！」

隔壁富有的太太聽到了說：「老公！你聽到了沒有？人家有『輪仔褲』，我們怎麼

沒有？」

富男子說：「什麼叫做『輪仔褲』？」

他的妻子說：「我也不知道！」

各位看官，什麼叫做「輪仔褲」你知道嗎？

是這樣的，這對窮夫妻因為家裡窮，夫妻倆只有三條褲子，所以他們約定，單日由丈夫換穿第三條褲子，雙日再輪由妻子換洗褲仔。那每天兩人穿剩餘換洗的第三條褲子，便叫做「輪仔褲」。

原來客家話「輪仔褲」是這樣來的。

74

樹尾搖搖

1. 樹 尾 搖 搖 ， 樹 下 兩 隻 猴 。
   su^{55} mi^{24} ieu^{11} ieu^{11}　su^{55} ha^{24} liang^{31} zag^{2} heu^{11}

2. 只 愛 樹 頭 企 得 在 ，
   zii^{31} oi^{55} su^{55} teu^{11} ki^{24} ded^{2} cai^{55}

   毋 驚 樹 尾 做 風 災 。
   m^{11} giang^{24} su^{55} mi^{24} zo^{55} fun^{24} cai^{24}

　　人生百載，「匆匆」兩字。從兒時到「兒女忽成行」、到「鬢已星星也」，恍如一瞬。當年一個鄉下的野孩子，而今卻躲在都會的火柴盒裡「含飴孫弄」。

　　早晨從孫女第一聲「阿公」起，整天都在布偶、公仔、積木……其它各色玩具中打轉；除畫圖、剪貼、溜滑梯、坐翹翹板外，還教孫女唸唸謠：「嘴嘟嘟，想食鹹豆腐；嘴尖尖，想食蕃薯籤；嘴圓圓，想食叛兒圓……」、「坐火車，過山洞，山洞長又長。妹妹學數數，一二三四五……數著數著睡著了。」唱兒歌：「大象、大象，你的鼻子怎麼那麼長？媽媽說：『鼻子長才是漂亮！』」「先生講：『路像一條河壩。』我想：『車兒就是水中介蝦公蛤蟆。』一輛一輛一陣一陣介汽車，泅來泅去、走上又走下……

看到老阿伯兒，喊弟弟。看到細阿哥兒，顛倒喊爸爸、爸爸、爸爸！」玩遊戲：兩人把孫女抬起，一邊左右搖晃，一邊念：「gong[11] 槓 gong[11]，賣豬腸。賣到三斤半，毋罅過月半！」或手摸念到的身體的部位，唱道：「頭兒肩膀膝腳趾、膝腳趾、膝腳趾，眼耳鼻和口；頭兒肩膀膝腳趾、膝腳趾、膝腳趾，眼耳鼻和口。」學跳舞：「小白兔，愛跳舞；夜月光下，學跳舞。dang dang dang dang dang dang dang dang」、「天空哪！落水了！戴等笠母來到坑水邊⋯⋯」

回憶兒時，早飯後，大人們都上工去了。留下我們小孩，哥姊帶著弟妹，到最後一場秋雨後，山上泥流留下一層層厚厚泥沙的大稻埕邊，玩起堆沙遊戲。大夥圍坐在泥地上，堆起一堆圓錐形的泥沙，尖頂插一隻竹（木）籤，然後你耙一把、我耙一把，看最後誰耙了沙使竹籤倒下，誰就輸了，輸的人就地表演唱歌。有時在稻埕邊的「花樹下」玩捉迷藏或扮家家酒⋯⋯我們有時也會到屋背，學猴子爬樹，先爬上樹的人，邊搖

樹幹邊喊：「樹尾搖搖，樹下ㄨ隻猴」來取樂。初冬，我們兄弟倆加上家下屋、隔壁玩伴，一群一共五、六個男孩。會到屋背坡度不大的「塞排」雜草叢中翻滾，躺在柔順的雜草上日光浴，享受冬日驕陽的和煦。

人生的際遇是奇特的，每個人生，有每個人生的趣味。

我戰後三年生在一個苗栗鄉野的佃農之家，二十幾歲離開家鄉，到台北闖蕩結束一段具有野味的童年、少年。

剛滿兩歲的孫女，出生在台北一個小康家庭。她擁有全家族人的呵護，因為她是我（長男）的長孫女。她有很多玩具，有從四面八方送來的玩偶、有漂洋過海從俄羅斯買回的沙鈴、有訓練平衡的充氣跳跳馬、有專屬的平板電腦、有⋯⋯我說她具有文靜的、野性的童年。野性童年也好，文靜童年也好，都有其美麗的回憶！

75

錢財如糞土

1. 錢　財　如　糞　土　。

cien[11] coi[11] i[11] bun[55] tu[31]

石達開是滿清時代，廣西潯州府貴縣北山里奇石墟那幫村的客家人，乳名叫「阿德」。祖先世代務農，家庭環境本來就不錯。他的父親石昌輝因為經營鹽業生意，積聚了很多財產。

說到奇石墟那幫村，這裡山高路險，林木遮天，山中只有一條狹路通往平地，商旅往來必須經過此地。有一天，一個生意人經過這裡時，天色已晚，發現有人跟蹤，非常害怕，於是就近叩石家的大門，經過僕人傳話，石達開開門相見。

生意人一進門，就看到一位面長如驢、眉毛濃黑、牙齒潔白、多髮鬍鬚、身材高大、目珠（眼睛，客家話說目珠）微露兇光的人。雖然怕人，但是為了求人解危，也只好硬著頭皮進門。石達開下階相迎，兩人經一番寒暄後，正在燈下詳談遭遇，講好「留宿一夜，明天一早再託人保護過山。」突然間，聽到一陣急促的敲門聲，達開使人開門察看，一群盜匪立刻魚貫而入，聲明要劫那生意人。

這時石達開起身從容的告訴盜匪說：「各位壯士，你們想得到的是他的錢財，但

是生意人帶了一些本錢，離鄉背井，為的也只是賺取一點利潤，非常辛苦。今天壯士奪了他的錢銀，叫他如何回鄉？恐怕只有跳河壩（客語跳河自殺的意思）一條死路！」石達開對著生意人說：「你身上到底帶了多少錢？實在講！」生意人說：「兩千。」石達開立即差人從屋內取出兩千紋銀，放在桌上，對盜匪說：「壯士！這裡有紋銀兩千兩，算是石某的奉送。各位應該到手的，分文不少，也為這位生意人保全身家性命，你說如何？」盜賊一聽，相顧失色，領頭一位說：「大家都講石達開重義輕財，果然名不虛傳！我們所作所為實在禽獸（客語謂非人為禽獸）今後一定重新做人，石先生的兩千兩紋銀，實在不敢接受。」面對同夥說：「我們走！」但石達開堅持，雙方推讓許久，盜賊只好拜納了半數後離去。

第二年，石達開受到洪秀全的感召，傾家相助，投入了反清復漢的大業，隨後又和洪秀全義結金蘭，也為太平軍立了不少汗馬功勞，被封為翼王。

後來，太平軍內鬨，翼王受到天王洪秀全左右的猜忌，於是毅然決然的帶軍離開天京，向四川進發。不幸，途中被困了將近一個月，糧草食完（彈盡糧絕的意思）殺馬裹腹，最後連桑葉草根都採食淨盡。這時清軍聯合夷兵來攻，翼王帶著士卒千餘人奔逃到老鴉漩這個地方，進退無據，翼王遠遠望去清軍豎立「投誠免死」的大旗。

正在四面楚歌之際，翼王獨排眾議，要親赴敵軍陣營投誠。話說翼王在江西時，曾收養了一養女，常隨侍在營中處理文書，大家喊她「四姑娘」，無巧不巧四姑娘正嫁給那位生意人，生意人身材很像翼王。眾人聽說翼王要向敵軍投誠，都相擁痛哭。只有四姑娘沉默不語，悄悄拿出幾套僧衣，說：「父王快快換裝！」翼王說：「怎麼會有這個東西？」四姑娘說：「我早就有準備！」翼王說：「到現在這種地步要怎樣脫身？」四姑娘說：「我自有主張！」四姑娘為父王換好僧衣，說：「僧衣共有六件，我為父王安排衛士五人！」四姑娘轉身把翼王的制服拿給

自己的丈夫說：「趕緊換衫（客語謂衣服為衫），我嫁給你，就是為了今日！」生意人看看妻子，有點難捨。四姑娘厲聲說：「蠢才？什麼時候，還不快點！」四姑娘抱起幼兒，向石階重重投去，頭顱破裂，血流滿地，隨即拔劍割自己的咽喉，先生立即撲向前去相救，只見四姑娘欲言又止，手指衣物。事到如此，生意人立刻換上翼王衣服，四姑娘含笑斷了氣。翼王眼見四姑娘母子死得如此壯烈，撫屍痛哭。回頭淚眼望見女婿穿著自己的裝扮，竟那麼相像。

第二天一早，這女婿在眾人前呼後擁下走向敵軍。清兵見了高呼：「翼王投降了！翼王投降了！」在這同時，翼王石達開接受了四姑娘的安排，與隨從六人穿著袈裟，箭步離開。來到大渡河邊，夜色已濃，突然間，看見蘆葦叢中有一小舟。翼王搭上扁舟，順流而下，一路上清風徐來，水波不興。來到峨嵋山下，月光朗照，放眼盡是山巒起伏，古木參天。連夜住進禪房，從此以後，石達開與青燈木魚為伴，不知所終。

76

覆水難收的故事

1. 男　人　莫　像　陳　世　美　，
nam^{11}　ngin^{11}　mog^5　ciong^{55}　cii^{11}　sii^{11}　mi^{24}

女　人　莫　像　買　臣　妻　。
ng^{31}　ngin^{11}　mog^5　ciong^{55}　mai^{24}　siin^{11}、　ci^{24}

　　滿三歲的孫女，最喜歡聽我講故事。從「小老鼠的故事」、「野狼的故事」，講到「三隻小豬的故事」、講到「美麗娥公主的故事」、「白雪公主的故事」……，現在她上幼兒園小班，已經很久沒讓阿公講故事了，心想終於擺脫糾纏。豈料，昨天晚上夢中，她放學回家，卻抱著我大腿，要我說「覆水難收」的故事。

　　這使我想起四、五十年前孩提時候，家鄉野台戲，曾演出朱買臣「覆水難收」的一齣戲。（話說四、五十年前的農耕時代，過年是種田農家的假期；去年的晚稻早已收藏，新年的早稻還不急著播種、插秧。大家可以沈浸在新春的歡愉中。於是村民趁此時節，請來戲班子又從縣城裡的媽祖廟請來媽祖婆，庄中的土地伯公請來陪侍，演出酬神的媽祖戲。）

　　『覆水難收』的故事是這樣的：

話說漢朝初年，朱買臣是一個很用功的讀書人。一天到晚只知道讀書，卻不去賺錢謀生，所以家境非常貧窮。晚上，因為買不起油點燈，只好燒著有油脂的松枝來照明，漏夜苦讀。

這種苦日子，過了一些時候，朱買臣的妻子實在受不了了。有一天就哭哭啼啼的要求離婚，可是朱買臣安慰他說：「現在我們雖然很窮，可是總有一天我會發達的，將來大富大貴，一輩子都享受不完啊！再說我們已經辛苦這麼多年了，你就再忍耐些時候，好日子就快來了。」「像你這麼寒酸的讀書人，不餓死就不錯了，我那敢奢求什麼大富大貴的。我不要！」由於妻子的堅持離婚，而朱買臣百般勸阻又沒有用，只好讓她走了。

過了幾年，朱買臣果然當上了太守，當他「衣錦還鄉」時，縣令還令老百姓把街道打掃乾淨，迎接他。朱買臣回來那天，他的妻子也擠在人潮中觀看。「相公，我是你的妻子呀！你還認得嗎？我知道我以前錯了，你是不是可以原諒我呢？」

當她看到朱買臣穿著官服，戴著烏紗帽，威風凜凜的走過來的時候，嚇了一跳，不禁主動上前要求和朱買臣再復合。那想朱買臣卻叫隨從端來一盆水，並且倒在地上，然後對著已離婚的妻子說：「我們的關係就像潑在地上的水，再也收不回來了！」

難怪客家俗話說：「男人莫像陳世美，女人莫像買臣妻。」

77

爛鼓可救月

1. 爛 衫 爛 褲 毋 可 丟 ，
   lan⁵⁵ sam²⁴ lan⁵⁵ fu⁵⁵ m¹¹ ho³¹ diu²⁴

   大 難 來 時 可 遮 羞 。
   tai⁵⁵ nan⁵⁵ loi¹¹ sii¹¹ ho³¹ za²⁴ siu²⁴

2. 用 得 著 是 寶 ， 用 毋 著 是 草 。
   iung⁵⁵ ded² cog⁵ he⁵⁵ bo³¹ iung⁵⁵ m¹¹ cog⁵ he⁵⁵ co³¹

3. 爛 衫 可 遮 羞 ， 爛 鼓 可 救 月 ，
   lan⁵⁵ sam²⁴ ho³¹ za²⁴ siu²⁴ lan⁵⁵ gu³¹ ho³¹ giu⁵⁵ ngied⁵

   爛 銅 鑼 可 嚇 賊 。
   lan⁵⁵ tung¹¹ lo¹¹ ho³¹ hag² ced⁵

記得小時候，有一次日全蝕，太陽慢慢消失，大地漸漸昏暗下來，這時老祖母從房裡拄著拐杖出來，看到這種情景，急忙高聲喊到：「天狗食日嘍！快快來呀！來救日頭喲！」

我們一家大小聽到老祖母的召喚，連忙跑進屋裡，拿出鑼鼓，跑到場上使命的敲

打。鑼鼓不夠，破臉盆、破銅鍋……凡是能敲出聲響的都派上了用場。這時我聽到老祖母喃喃自語的說：「爛鼓可救月，爛褲可遮羞哪！」

老祖母沒進過學堂，沒念過一天的書。哪裡會知道日蝕、月蝕是一種自然現象？在她腦海裡，太陽月亮就像一塊圓圓的肉餅，天上有一條野狗，一直覬覦著它。日蝕、月蝕便是天狗食日、食月的惡兆，要敲鑼打鼓來趕走嘴饞的天狗，否則日、月便有被天狗吞滅的危險。這是四十年前的往事，當時年幼的我對「爛鼓可救月，爛褲可遮羞」的含意似懂非懂。後來，不知什麼時候開始，大家停止了「爛鼓救月、爛銅鑼救日」的舉動，但「爛鼓可救月，爛褲可遮羞」這句話則深深烙印在我腦海裡。

今天的客家庄還流傳著一句話：「爛衫爛褲毋可丟，大難來時可遮羞。」在古老客家人的觀念裡，破鑼、破鼓、爛衫、爛褲是不可任意丟棄的，因為他們都還有剩餘的價值。雖然日蝕、月蝕不會年年有，大難也不會常常來，但有備總是無患。

隨著年歲的增長，慢慢了解大人們口中這些格言的意義。對老祖母常常告誡我們：「飯粒掉在地上，要撿起來吃，否則會遭受天打雷劈。」的話語；以及吃完粽子，便把揙粽介「粽攃」解開來，洗淨曬乾，留待明年再用的作為，有了更深刻的體會。我想這正是「一粥一飯當思來處不易，半絲半縷恆念物力維艱」的體現吧！

78

鷯婆飛過去，阿倕做皇帝

1. 鷯 婆 飛 高 高 ， 過 年 做 阿 哥 ；
ieu⁵⁵ po⁵⁵ bi²⁴ go²⁴ go²⁴　go⁵⁵ ngien¹¹ zo⁵⁵ a²⁴ go²⁴

   鷯 婆 飛 低 低 ， 過 年 招 老 弟 。
ieu⁵⁵ po⁵⁵ bi²⁴ dai²⁴ dai²⁴　go⁵⁵ ngien¹¹ zeu²⁴ lo³¹ tai²⁴

2. 鷯 婆 飛 過 來 ， 阿 倕 做 秀 才 ，
ieu⁵⁵ po⁵⁵ bi²⁴ go²⁴ loi¹¹　o²⁴ nga¹¹ zo⁵⁵ siu⁵⁵ coi¹¹

   鷯 婆 飛 過 去 ， 阿 倕 做 皇 帝 。
ieu⁵⁵ po⁵⁵ bi²⁴ go²⁴ hi⁵⁵　o²⁴ nga¹¹ zo⁵⁵ fong¹¹ di⁵⁵

　　近來媒體上，有一個熱鬧的話題：「明年是千禧年，又是龍年、千禧寶寶、龍子龍女一定熱熱鬧鬧地來台灣報到。屆時，產房、育嬰房將人滿為患。」這使我想起，從前婦女在自家床上生育的艱辛。

　　客家婦女懷胎叫「擐（提也）大肚」，或稱「有身」。孕婦自有身之日起，一舉一動都得謹慎小心，以免動了胎氣。所以孕婦房間的擺設、器物不得任意異動，忌釘掛，更不可以「修籬整壁」傳說「犯了胎神」（動了胎氣），可能生出畸形兒或導致流產。婦女

萬一不慎犯了胎神時，要到藥房買安胎散服用，或請人畫安胎符焚化成灰，和些米汁水灑於犯胎神之處。

婦女生產俗稱「做月」、「落月」，傳統婦女都在自家床上生產，請產婆接生，俗稱「檢輕」或「斷臍」。「斷臍」剪下的臍帶、胎盤，叫「胞衣」。胞衣要用紙包好，深埋於屋舍邊的土地上，聽說生男丁則埋在窗下，長大了才聰明（客話「窗」、「聰」同音 cung[24]）；生女孩則埋在菜園，長大了才有人緣（園、緣同音 ien[11]）因此，客家人習稱自己的出生地叫「胞衣跡」。

產婦生產之後，身體較虛需要靜養，所以一個月內不能勞動，盡量躺在床上，所以做月又稱「匚（躲）間角」。同時要吃麻油雞（俗稱「雞酒」）以滋補身體，用麻油爆薑再炒雄雞和全酒去煮。窮苦人家沒有那麼多雞可供食用，多用雞蛋煮酒代替，叫做「卵酒」。「做月」期間，洗澡要洗「大豐草水」，把一種叫「大豐草」的植物，採下曬乾，扎成一束束，放在鍋中熬煮，煮開的大豐水舀入桶中，等涼了再洗。

嬰兒斷臍之後，馬上用溫水洗澡，洗後再用麻油擦拭身體，用以去除胎垢，上身穿上柔適的衣服，下體則包上「裙兒」（尿布）。這時產婦還沒有乳汁，只有餵食溫糖水。嬰兒出生三朝，有洗澡「做膽」的習俗，把在河邊撿來橢圓形的鵝卵石和一顆鴨蛋，放在澡盆中，石、蛋一面自嬰兒頸上滑下，一面念道：「雞卵面，鴨卵身。」、「點心點心，落水毋怕深。」、「膽大大，做公大，一日洗身一日大。」、「洗身先洗背，緊洗就緊愛。」……等，還有人在洗澡盆中放鎖頭的，叫做「鎖勢窟」（屁股），傳說這樣嬰孩就不會亂拉屎。

十二朝要煮雞酒拜祖先、敬床公婆，向祖先稟告添了新丁，祈求祖先及床公婆保佑。同時，提雞酒向岳家及媒人報喜，俗稱「摵雞酒」。岳家及媒人都會回贈糯米或閹雞，還有再酒壺中裝些「米汁水」（洗米水）

給帶回家，有象徵祝福產婦多乳之意。

十二朝以後，請算命先生為嬰兒算命或預測一生命運，俗稱「排八字」、「造流年」。如果排出女嬰八字不好，怕將來嫁不出去，算命先生會改動其生日時辰，這樣叫「假好命」。

滿月，嬰兒的外公、外婆要送「囝（音：東，蒙也）衫」、「背帶」及嬰兒使用的衣物等，這時主家要備酒席，宴親友，叫做「做滿月」。

傳說做滿月當天，「姊婆」（外婆）要背小外孫，打起黑傘，口中念：「鷂婆（鶴鷹）飛高高，過年做阿哥；鷂婆飛低低，過年招老弟；鷂婆飛過來，阿孫做秀才，鷂婆飛過去，阿孫做皇帝。」叫做「喊鷂婆」。這是表示小孩開始可以用背的形式，但也不能背太久，以致嬰兒啼哭，若然以後小孩比較不喜歡人背。四個月，外公外婆要送衣物「瀾丫仔」（遮涎布），用中間有孔的

餅乾叫「䇲空餅」，穿上紅絲線掛在嬰兒脖子前，俗稱「收涎」。週歲，則備三牲敬神祀祖，設宴款待親朋好友。外公外婆送嬰兒鞋、襪、帽、女兒女婿要回贈雞腿（雞臂）、「粄仔」等，俗稱「做對歲」。

此外，為使小孩從出生到成年，長久得到神明的保佑，常常帶著小孩到廟中，以牲體蔬果香燭祀神，然後拿一有孔的錢幣，穿上紅絲線，於神明（關爺公、五穀爺、城隍爺、七星娘、伯公、樹爺、石哀……）香爐上過爐後，常戴孩子脖子上，叫做「戴絭」。以後每年遇到神誕，都要回廟焚香禮拜，然後換上一條新紅絲線，叫做「換絭」。直到孩子成年後的神明聖誕日，再到廟裡除下不戴，叫做「脫絭」。

醫藥衛生部發達的四、五十年前，我們都是這樣長大的。

編後語

　　這本書是蒐集，從我 80 年 8 月 13 日聯合報第二十五版——客家專輯《扛轎會變仙》刊登後，陸陸續續在鄉情版、副刊……等刊登有關客家諺語的文章，經過許多朋友的慫恿，叫我集結成書出版，我以篇數不足而婉拒。今天整理出一共約四、五十篇，加上客家文化委員會曾督促我寫的電子書《客家采風》、《客家文化季刊》……等也有五、六萬言。算算已有一本書的份量，因此蒐集成篇。報答讀者、朋友的簇擁之心。

　　書成之日，要感謝的人很多，不能一一盡述。感謝斐類設計負責人劉先生，及編輯小組的辛勞與努力，廖女士不眠不休的打字、校對。使本書得以跟大家見面，懇請讀者多多批評指教。

日日是好日

Note   Date | ·   ·

日日是好日

國家圖書館出版品預行編目 (CIP) 資料

日日是好日：客家諺語有意思 / 涂春景編著 . --
初版 . -- 臺北市：涂春景, 2021.12
　　面；　公分 . --

ISBN 978-957-43-9611-5（平裝）

1. 諺語 2. 客語

539.933
110021182

日日是好日
——客家諺語有意思

編　著　者／涂春景

責　任　編　輯／廖月娥

美　術　設　計／斐類設計工作室、劉基吉、張燕儀、賴韋伶

發　行　人／涂春景

發　行　所／台北市信義路 6 段 76 巷 2 弄 87 號

郵 政 劃 撥 帳 號／01028923

戶　　名／涂春景

電　　話／(02)2346-0270

傳　　真／(02)2759-5781

出　版　日　期／2021 年 12 月 初版一刷

定　　價／新臺幣 450 元

法　律　顧　問／涂予彣律師

Ｉ　Ｓ　Ｂ　Ｎ／978-957-43-9611-5（平裝）

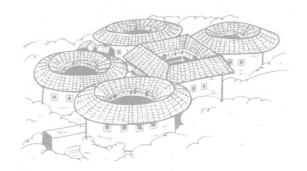